好母亲培养女儿的63个要点

文静◎编著

中国华侨出版社

·北京·

图书在版编目 (CIP) 数据

好母亲培养女儿的 63 个要点 / 文静编著 . — 北京：中国华侨出版社，2014.5（2023.10 重印）

ISBN 978-7-5113-4584-4

Ⅰ. ①好…　Ⅱ. ①文…　Ⅲ. ①女性 - 家庭教育　Ⅳ. ① G78

中国版本图书馆 CIP 数据核字（2014）第 083121 号

好母亲培养女儿的63个要点

编　著：文　静

责任编辑：刘晓燕

封面设计：胡椒设计

经　销：新华书店

开　本：710mm×1000mm　1/16 开　印张：17　字数：220 千字

印　刷：北京柯蓝博泰印务有限公司

版　次：2014 年 7 月第 1 版

印　次：2023 年 10 月第 2 次印刷

书　号：ISBN 978-7-5113-4584-4

定　价：49.80 元

中国华侨出版社　北京市朝阳区西坝河东里 77 号楼底商 5 号　邮编：100028

发 行 部：（010）64443051　　传　真：（010）64439708

网　址：www.oveaschin.com　　E－mail：oveaschin@sina.com

如果发现印装质量问题，影响阅读，请与印刷厂联系调换。

前 言

几年前的一个晚上，我走进女儿的房间，我那粉雕玉琢的女儿已经睡着了，看着她天真的小脸，看着她闭起来的眼睛，看着她微微翘起的嘴角，看着她那随着呼吸一起一伏的小胸脯，顿时整颗心都变得柔软起来。是啊，这世间还有什么比母亲凝视着自己的女儿更幸福的事情呢？于是我开始畅想起她未来的样子，活泼可爱，聪明灵巧，有一颗豁达的心和积极的人生态度……但是想着想着突然就焦虑起来，因为这么多年的经历已经让我深深地体会到，在这样一个社会里，一个女孩要面对的环境、承担的责任、面对的诱惑、经历的事情远比那些大大咧咧的男孩子们要复杂，如果我的女儿被坏环境影响、受了不好的诱惑、经历了让人痛苦的事、走进了不够幸福的人生，那么我这个做母亲的，该是多么的痛苦啊！于是我下决心要为我的女儿写一本书，一本可以给她成长指导的书。

我的女儿要有一个好身体，因为身体是一切的本钱，一个女孩有了好身体才能有幸福的未来，我希望她美丽、青春常在，希望她爱自己、永远健康，不被隐疾所困扰；

我的女儿要有一个独立的精神，因为独立的女孩才能主宰自己的命运，做自己想做的事情，过自己想过的生活，脚踏实地、实实在在地赢得属于自己的幸福；

我的女儿要有一个好的审美观，因为一个有着正确审美观的女孩才能在这个世界上绽放出更多的光彩，更好地将自己展示出来，并因此而自信、乐观；

我的女儿要有一个好的人生观，她可以有梦想，但是同时也要是一个现实主义者，有自己的主见，不轻易因为他人的话而改变自己的主意，有个性却又能适度从众；

我的女儿要有一颗友善的心，爱自己也爱身边的人，为自己身为一个女孩而骄傲，与家人友好相处，乐于帮助有困难的人，心中充满爱和希望；

我的女儿要有一颗能够抵挡诱惑的心，喜欢什么会通过自己的努力赚回来，不自私也不过度大方，不贪婪也不存投机之心，祥和宁静，永远美好；

我的女儿要有一个好的爱情观，珍视自己，珍视爱情，在不懂爱情的年纪不跟人恋爱，在不能承担的时候不轻易说爱，把最好的自己留给未来；

我的女儿要有一颗大爱之心，懂得从细节上关心他人，真心帮助他人，乐于做别人的忠实听众，对世界充满感恩……

为了让女儿做到这些，我翻阅了无数心理学、教育学的专业书籍，也从许多成功家长的身上学习经验，结合自身这么多年的人生阅历，终于写成了这本书。我希望这本书不仅能给我的女儿以人生的启迪，同时也能给世界上的众多降临到人间的天使们和她们的妈妈以帮助，若能如愿，那将是我最大的荣幸。

　　妈妈们，我们是女儿的第一个朋友，是女儿的第一位引路人，我们的教育方法是否得当，将会影响女儿的一生。所以就让我们一起想女儿之所想，解女儿之所惑，给女儿的成长之路增添一份保障、一份健康吧。我相信，在我们的共同努力下，每一个女孩都能成为天使。

目录

第一章

孩子，爱是相互的

第二章

每个女孩都是一道瑰丽的风景

第三章

成为一个不依赖他人的女孩

第四章

诱惑是裹在糖衣下的伤痛

第五章

对于"美"你一定要有自己的标准

第六章

女儿，你真正想要的是什么

第 七 章

孩子，做女人不是件容易的事

第 八 章

切记：爱并不是拉拉手那么简单

第一章
孩子，爱是相互的

　　女孩儿是代表感性的泉水，天生是带着爱来到这个世界上的。因此，妈妈希望你千万不要吝惜自己施与大爱的机会。当你用心地去面对每一个人，带着感恩之心去经营生命中的每一件事，幸福就来到了你的身边。你永远不用发愁得不到别人的帮助，也不会因为过度地无助而哭泣纠结了。

1.

给别人留点儿阳光，
他会把收获的灿烂送给你

女儿，王叔叔与你迎面走过，你却装作没看见一样，玩着手机从他的身边走过去，直到王叔叔热情地向你打招呼，你才尴尬地抬头回礼。当我问你为什么不主动和人打招呼，你说不知道该说些什么，而且寒暄本来就很无趣。孩子，说实话我听你这么说还真有些生气，一个不喜欢和人打招呼的人，怎么体现自己的热情，又怎么能够获得好人缘呢？所以，孩子，妈妈接下来要和你说的，就是这个问题。

孩子，你渐渐长大，见到的人会越来越多，见识也会越来越广博，那么在你的脑海中，也一定有一些人是你看到第一眼就喜欢上他们的。或许是因为他们漂亮、迷人、亲切，也可能是你之前知道了关于他们的一些事，原因有很多种，但是这些你喜欢的人里，一定有一个共同的特征，那就是热情——这可能连你自己也没有意识到。

其实，在人际交往越来越紧密的现代社会，我们每天都会遇到很多人，所以给别人留下良好的第一印象就显得十分重要。因为我们没有时间去深入了解一个人，在大多数情况下，我们对一个人的了解就是源于大脑的直觉，因直觉而亲近或者疏远一个人。这听起来好像很幼稚，但却是事实。试想一下，如果你去参加聚会，一个满面笑容地对你打招呼、帮你找座位，而另一个却绷着脸站在那里对你视而不见，两者之中你会喜欢哪一个呢？当然是前者，这就是热情的魔力。所以，孩子，如果你希望自己也能成为一个受欢迎的人，那就从现在开始，做个热情的人吧！一个有热情的人才能更容易让人亲近，也才能给人留下良好的第一印象。越是成功的人，就越是热情的，他们总是不吝于将阳光留给所有的人。看看下面的故事你就明白了：

岩岩刚刚走进高中校园的时候，同学们并没有怎么注意她，因为她皮肤黑黑的，看上去一点儿也不漂亮，成绩也不算出色，唱歌也属于一般水平，可以说，岩岩身上缺少的就是一种可以让人记住她的特点。即便是这样，岩岩还是有一个很突出的优点，那就是她很热情，就是靠着这份热情，岩岩成了班级里人缘最好的人。

刚到班级的时候，岩岩微笑着向每个人打招呼，言语极为热情。迎新晚会上，岩岩跑前跑后布置会场、整理桌椅、发放奖品、帮同学安排位置、给同学们拿吃的……总之，整场晚会中不断有人表演节目，岩岩也没有停止忙碌。晚会结束之后，同学们对热情的岩岩有了新的认识，大家都乐意和她做朋友，因为岩岩的热情会感染他们，他们和她在一起会觉得特别舒服。后来班级里选举班长，岩岩以很高的票数当选了。连老师都说，只有让岩岩做班长，班级里的矛盾才能减少到最少。

孩子，看到了吗？一个热情的人不但可以轻易获得好人缘，还能在关键时刻收获别人的信任，这是许多人都可望而不可即的。那么，怎样才能让别人感受到你的热情呢？只要做到下面几个方面，你就能得偿所愿。

主动与人打招呼。热情待人是最基本的礼仪，很多人在首次与人见面的时候，总是不愿意先开口说话，都是别人同他说了他才说。其实，如果你肯主动和人打招呼，那么别人对你的印象一定会很深刻。所以，与人初次见面，一定要主动迎上前去，向对方表示好感，可以说些如"久仰""一直想着你，今天终于见了，实在是太高兴了""近日可好"之类的话。当然，孩子，你们之间可能有一套自己的说话方式，但是热情却必须是贯彻始终的。你热情起来，别人才能受到感染，进而愿意与你交朋友，有了什么话也才会和你说。如果你不主动，对方也不主动，那么你们永远都不可能成为朋友。

让别人喜欢你，你就要首先喜欢上别人。孩子，或许你没有意识到，即便你不说，你对一个人有没有好感还是可以看出来的。当你的大脑指令显示自己不喜欢某个人的时候，你的一言一行、一举一动，甚至身体的姿态都会接受这种指令，表现出来的就是你不喜欢这个人，你不想和他接近。那么别人感受到你的态度，也会自然而然地不喜欢你。所以，如果你希望别人喜欢你、信任你，你就应该首先要喜欢并信任别人，否则你们永远都不可能成为朋友。

总之，不管你处在人生的哪个阶段，从事哪个行业，孩子，只要你在这个社会上生存，有一点是一定要记住的，那就是无论到什么时候，都要保持你的热情。

教子小贴士

1. 热情待人的好处

面对女儿不喜欢主动与人打招呼的情况，妈妈要告诉孩子热情待人可以为自己带来什么样的收获，通过一些身边或者书中的例子来让孩子体会到热情可以带来的巨大收益。进而引导孩子在与别人交往的时候主动与人打招呼并热情待人，用自己的热情去感染人，为自己赢得好人缘。

2. 表现热情的方法

热情不仅仅是见到别人就打招呼这一个方面，妈妈要告诉孩子，一个热情的人会很乐意帮助别人，对别人嘘寒问暖而不打探别人的隐私。与人交谈的时候要保持一种热情，说话的语气要轻松愉快等，让对方感受到自己是一个热情的人，这样别人才会更乐于与你交往，你才能拥有更多的朋友，在你需要帮助的时候，这些朋友才会帮助你。

2.

是别人的希望，也是自己的希望

　　那天我和你一起逛街，从步行街经过，一个和你年纪相仿的男孩子背着书包跪在地上。铺展在地上的，是一个用黑色油笔写的说明，大意是这个男孩外出旅行却连手机和钱包都丢了，现如今连家也回不去了，希望好心人能资助他一点路费回家。我拿出10元钱正准备给那个男孩，你却说："走吧，妈妈，网上早就曝光过了……"我没有听你的话，还是把那10元钱给了那个男孩，你很生气，为我心甘情愿去上当而生气。孩子，妈妈不是想纵容骗子，而是我担心万一这个男孩真的是一个丢失了钱无处可去的人。如果他因没能拿到回家的车费而对整个社会产生绝望进而走上邪路，那我的罪过就太大了。没错，这个世界上的确有很多利用别人爱心的骗子，但是我们不能因为这些骗子的存在而收起我们的爱心。爱心是别人的希望，也是自己的希望，妈妈今天想和你说的，就是这个问题。

　　孩子，少不更事的时候，你一直都是一个很有爱心的孩子，看到孤独的小鸟，你会担心它找不到回家的路；看到衣衫褴褛的老伯伯，你会把最喜欢吃的点心送给他；看到别人哭，你也会跟着掉眼泪……小时候的你，是个多么有爱心的孩子啊！但是随着年龄的慢慢增长，你渐渐认识到这个世界上有许多利用别人爱心的人，那种受骗的感觉一定不好过，于是，你收起自己的爱心，让自己变成了一个冷漠的人。

其实，在这个世界上，的确是有一些人在感觉受骗之后拒绝再对社会展露出自己的爱心，但是孩子，如果因为担心受骗而放弃奉献爱心，那么这个世界一定会变得很可怕。

孩子，无论到什么时候，都要记住，这个世界上的确是有一些利用我们爱心的人，但是这个世界上同时也存在着一些真正需要我们帮助的人。别人需要我们的爱心，同时，我们也需要别人的爱心。

不要说自己丰衣足食就不需要别人的帮助，孩子，天有不测风云，人总会遇到麻烦，也总是有需要别人帮助的时候，到那时候，你最希望的就是有人能伸出援手来救助你。如果别人把你当作骗子，你的心里会是什么感觉？所以，孩子，请不要因为害怕受骗就拒绝帮助别人，因为在这个世界上，爱心是可以传递的，每个人都愿意在别人困难的时候提供帮助，那么你也会成为下一个受益者。看看下面的故事或许更能让你明白其中的道理：

克雷斯是美国得克萨斯州的一名司机，他负责运输，日子过得还算不错，他觉得很满足。但是在一个天寒地冻的夜晚，他的车在快要抵达一个小镇的时候抛锚了。此刻已经将近午夜，汽车维修公司根本不能派人过来，路上的行人也很稀少，克雷斯站在寒风里瑟瑟发抖，此刻他多么渴望能有一辆车停下来帮他一把啊！可是看着偶尔从他的身边匆匆而过的汽车，克雷斯开始觉得有些绝望了，他们来去匆匆，大约不会注意到他吧？就算是注意到了他，恐怕也会因为麻烦而离开。就在克雷斯想要放弃求援的时候，一辆车终于停在了克雷斯的旁边。克雷斯大喜过望，他打着寒战向车上的男人诉说自己的麻烦，请求他帮自己把车拉到附近的小镇上。说完，他还拿出一沓钞票，说如果男人愿意帮忙，他是绝对不会让他白忙活的。男人没有接那叠钞票，只是让克雷斯上车，然后拖着那辆抛锚的车进了小镇。

事后，克雷斯再次拿出钞票递给帮助他的男人时，男人却拒绝了，他说："如果你真想酬谢我，那就给我一个承诺吧，在别人需要帮助的时候尽力帮忙！"克雷斯听了大为感动，他在以后的日子里，帮了许多需要帮助的人，并把当初男人告诉他的话说给得到他帮助的人听。

又过了许多年，克雷斯在一条小路上摔伤了脚，那条路很偏僻，许久都没有一个人经过。克雷斯很绝望，他觉得自己的伤越来越严重了。幸运的是，一个年轻人正好从这条路上经过，他送克雷斯去了医院，幸好来得及时，克雷斯的脚得到了最好的治疗。年轻人见克雷斯没事儿就要离开，克雷斯拿出钱来向年轻人表示酬谢，年轻人却拒绝了。临走的时候，他竟然说了一句克雷斯曾经说过很多次的话："如果你真想酬谢我，那就给我一个承诺吧，在别人需要帮助的时候尽力帮忙！"说罢转身就走了。克雷斯心中顿时涌起一阵暖流，他感慨地说："原来我将爱心传递出去，帮助了别人，最终还是让我受益啊！"

孩子，看完了这个故事，你是不是有所收获呢？没错，如果世界上每个人都有爱心，那么我们就不用担心在自己困难的时候得不到别人的帮助。相反地，如果人人都不愿意献出爱心去帮助他人，那么世界就会变得很冷酷。所以，孩子，在别人需要的时候献出你的爱心吧！不管别人怎样，你的责任就是将这份爱传递出去。最后妈妈还要提醒你一句，一定要在确保自己安全的情况下再去帮助别人，因为现如今确实有许多人利用人们的善心去做坏事。

教子小贴士

1. 孩子及时献爱心是必需的

现如今发达的社会资讯的确可以让我们看到更多的社会阴暗面，受这些负面新闻的影响，孩子很可能出现把任何需要帮助的人都当成骗子的情况。这时候妈妈要告诉孩子，世界上的确有许多骗子，但是同样有许多真正需要帮助的人。妈妈可以说一些某个人需要帮助却因为他人冷漠而受伤或者陷入困境的故事，孩子听了故事更容易受到启发，进而重新萌发帮助别人的念头。

2. 要把帮助别人的意义说出来

因为阅历、见闻不足的原因，孩子可能看不到自己帮助别人会产生什么样的效果，妈妈可以通过举实例说明帮助别人会让社会更好，自己也会受益。或者在周末的时候带着孩子给贫困的孩子送上一些礼物，让孩子体会到帮助别人的快乐，这样孩子以后会更乐意帮助他人。

3. 要告诉孩子注意安全

现如今有很多人利用人们的爱心做坏事，比如假装迷路将人骗走抢劫。妈妈要告诉孩子，在帮助别人的时候也要留个心眼儿，不能将自己置于危险境地。

3.

做别人忠实的听众，他们一定会喜欢你

前段时间你说同桌的女孩跟你说了很多你根本不喜欢的话题，听得你云里雾里都快睡着了。当时你跟我说，那真的都是一堆废话，有听她说话的时间自己完全可以干很多事情。但是今天妈妈要告诉你的是，倾听是一条让别人接受你的捷径，假如你愿意每天花一些时间做别人忠实的听众，那么相信他们一定会很喜欢你。

孩子，当你慢慢长大，你会和社会中的许多人接触，你想要拥有更多的亲和力，有更多的朋友，希望大家都喜欢你，你就要学会做别人忠实的听众，学会聆听的艺术。要知道，世界不是你

一个人的世界，每个人都是不可能脱离群体的。假如你不确定自己能够帮助别人，至少应该给对方一个倾诉的机会。随着你的年龄由小变大，你会突然发现自己怎么无端有了这么多烦恼的事情，而这些烦恼你却渐渐不愿意过多地向妈妈透露。假如这个时候，你从来没有做过别人的倾听者，等到自己渴望有个倾诉的机会时，别人为什么要给你呢？

每个人都渴望成为受欢迎的人，从小到大，你不止一次地说希望所有人都喜欢和你在一起。这个梦想其实并不难实现，但你首先要做的是秉持住对别人的那份耐心。你希望别人怎么对待你，你就要按照自己的要求去认真地对待别人。在未来的生活中，也许你有怡情忘机的生命意境，也许你有潇洒爽朗的生活意趣，也许你对生命有明智的判断和深刻的反思；也许你失去了许多快乐，也许你受委屈，缺少清静的心情，也许你想生活多些阳光，少些阴暗。不管怎么样，你都始终要面对融入这个世界中的现实。你要知道任何人的声音都不应该被淹没，假如你真的希望别人喜欢你，就要给自己一个走进对方心灵世界的机会，而开启这扇心灵之门的钥匙就是倾听。

尽管很多人谈论的话题都不是你真正感兴趣的，但只要你向他示意你在认真地听，那对方必然会对你感激不尽。不管是当下还是未来，我都希望你保持一颗包容的平和之心，在别人说的过程中自己用心去思考去判断，但却不妄加评论。你可以仔细想想这件事情如果落到自己身上究竟该如何处理，采取什么样的方式，对方做的正确的地方在哪里，错误的地方在哪里。假如可行的话，你可以适当地发表一下自己的看法，给出一些自己认为正确的建议，但一定要注意不要伤害了对方的心。

其实，在生活中我们每个人都是倾诉者，同时也是聆听者。平静友善地聆听，对于别人来说是一种亲切的对待，一种由衷的信赖，一种美妙的心境。就算从始至终你什么也没有说，但对方却可以从你谦和的眼神中看到关爱，感受到被人关心的真实情感。下面，让妈妈来给你讲一个我所经历的关于聆听的故事吧：

用父亲和妹妹的话来说，我在音乐方面简直是一个"白痴"，这是他们在经受了我数次"折磨"之后下的结论。在他们听来，我拉小夜曲就像在锯床腿。这些话使我感到十分沮丧，我不敢在家里练琴了。我发现了一个练琴的好地方，楼区后面的小山上有一片树林，地上铺满了落叶。

一天早晨，我蹑手蹑脚地走出家门，心里充满了神圣感，仿佛要去干一件非常伟大的事情。林子里静极了，沙沙的足音，听起来像一曲悠悠的小令。我在一棵树下站好，庄重地架起小提琴，像举行一个隆重的仪式，拉响了第一支曲子。但我很快又沮丧起来，我觉得自己似乎又把锯子带到了树林里。

我感觉到背后有人，转过身时，吓了一跳：一位极瘦极瘦的老妇人静静地坐在木椅上，平静地望着我。我的脸顿时烧起来，心想，这么难听的声音一定破坏了这林中的和谐，破坏了这位老人独享的幽静。

　　我抱歉地冲老人笑了笑，准备溜走。老人叫住了我，说："是我打扰了你吗，小姑娘？不过，我每天早晨都在这儿坐一会儿。"一束阳光透过叶缝照在她的满头银丝上，"我想你一定拉得非常好，可惜我的耳朵聋了。如果不介意我在场，请继续吧。"

　　我指了指琴，摇了摇头，意思是说我拉不好。

　　"也许我会用心去感受这音乐。我能做你的听众吗，每天早晨？"

　　我被老人诗一般的语言打动了。我羞愧起来，同时有了几分兴奋。嘿，毕竟有人夸我了，尽管她什么也听不到。以后，每天清晨，我都到小树林去练琴，面对我唯一的听众，一位失聪的老人。她一直很平静地望着我，我停下来时，她总不忘说上一句："真不错。我的心已经感受到了。谢谢你，小姑娘。"我心里洋溢着一股从未有过的感觉。

　　很快我就发觉自己变了。我又开始在家里练琴了，从我紧闭门窗的房间里，常常传出基本练习曲的乐声。我站得很直，两臂累得又酸又痛，汗水湿透了衬衣。以前我是坐在木椅上练琴的。同时，每天清晨，我要面对一位失聪的老人尽心尽力地演奏；而我唯一的听众总是早早地坐在木椅上等我。有一次，她说我的琴声能给她带来快乐和幸福。我也常常忘记她根本什么都听不到，只看见老人微笑着靠在木椅上，手指悄悄打着节奏。她慈祥的眼神平静地望着我，像深深的潭水……

　　我一直珍藏着这个秘密，直到有一天，我的一曲《月光》奏鸣曲让专修音乐的妹妹大吃一惊。妹妹追问我得到了哪位名师的指点。我告诉她："是一位老太太，就住在12号楼，非常瘦，满头白发，不过她什么也听不到。"

"什么?"妹妹惊叫起来，"真荒唐! 她是音乐学院最有声望的教授，曾是乐团的首席小提琴手! 你竟说她什么都听不到!"

看到了吗? 倾听就是这么富有力量，它不但可以有效地帮助别人，也可以很好地提高自己。所以你千万不要觉得听别人说话是浪费时间，相反，你应该把它当成一件相当神圣的事情去做。每天抽出半个小时，给别人一次倾诉的机会，只要坚持下去，过不了多长时间，妈妈就保证你能够结交很多非常要好的朋友。你不但可以享受到有人关心、有人帮助的快乐，还会发现自己的整个身心都悄然地发生了变化，你会发现自己越来越善谈，越来越自信，越来越喜欢接近别人。在倾听的过程中，你给了自己一次接近别人的机会，也在同时让别人更深刻地了解你的为人。要知道，人生最真挚的友情往往都是从倾听开始的，倾听不但能够彰显出你的涵养和对别人的尊重，也可以更好地赢得别人的信赖和认同。

总而言之，妈妈希望你在今后的生活中，做一个善于倾听的孩子。一个人最重要的一件至宝，在于爱心，而倾听从一开始就是一个施爱的过程。在这个世界上，即便是再死板冷漠的人，只要活着就必然会有感召爱的能力。倘若你可以将自己的爱无私地奉献给别人，将生命中的一小部分时间预留下来成就自己倾听的智慧，那么我敢保证你必然会成为所有人喜欢的对象，而你的整个人生也因为朋友众多，彼此关心备至而体味到更多的幸福和快乐。

教子小贴士

1. 告诉孩子倾听的好处

面对女儿容不得别人说话的情况，妈妈首先要适时地告诉女儿倾听有什么样的好处。并列举一些事例告诉女儿，在现代社会，给别人一次倾诉的机会究竟能为自己带来多少难以估量的收获。从而引导孩子善待别人的倾诉，用倾听的方式表达自己对他人的尊重和关心，同时为自己赢得别人的信赖和良好的口碑。

2. 告诉孩子倾听的方法

倾听是需要方法的，因此对于倾听这件事情，妈妈必须告知女儿要讲究的方式方法。例如，在倾听的时候不要左顾右盼，要尽可能表现得专注一些。时不时地说一些诸如："是吗？那后来呢？""哦，原来是这样，那之后你怎么说的？"之类的话，示意对方自己在认真听，而且很愿意听完整个事情的经过。这样一来，女儿的心里就有了一个很好的逻辑体系，知道怎么去倾听，也知道如何才能维护自己与别人之间的友好关系。

3. 告诉孩子边倾听边思考

妈妈应该告诉女儿，倾听不是盲目地听热闹，还要时不时地动脑筋去思考。如果这些事情放在自己身上究竟该如何处理，假如是自己遇到这种情况首先应该做些什么，或者在这之前进行一些怎样的预防措施。这样一来，时间一长，女儿今后的成长和独立思考，以及处理事情的应变能力都会有一个很大的提高。

4.

给人一个台阶，留一份容人的雅量

孩子，自从你当了班级的小组长之后，每天都会一丝不苟地检查同学们的作业，看得出来你是个很认真也很负责的小组长。但是有一天你回来，两只眼睛红红的，我问你是怎么了，你哭着说："妈妈，他们做错了事，我指出来，为什么他们还要和我吵架呢？我也是为他们好啊！"原来这段时间你给同学们审查作业，看到同学甲的作文写得差就批示"写得差"，看到同学乙的作文是从书上抄下来的，你就批"抄的！"结果一个星期下来，大家都不愿意同你说话了。是的，孩子，你是很负责，但是却是一个很不受欢迎的人，你缺少的是一点"宽容"和"糊涂"的精神。如果你在别人出现错误的时候给对方一个台阶下，那么对方很有可能会感激你，甚至在你需要帮助的时候也会伸出援手。下面，妈妈就要和你说说这个问题。

孩子，还记得那天我们一起出门，在挤满了人的电梯里，你看到一个阿姨裤子上的拉链开了，便告诉了她。结果电梯里的人全都听见了，阿姨脸红红的，还没到想去的楼层就下去了，连声"谢谢"都没说。那时你问我："为什么我把阿姨的疏忽告诉了她，她却不感谢我呢？"其实，孩子，没有人喜欢当众出丑。本来你不说，可能只有几个人知道阿姨的糗事，但是你这么一嚷，所有的人都知道了，阿姨没了面子，自然就会生气，这就是人的本性。在这个世界上，人人都要面子，如果你让别人没了面子，那别人可能会恼恨你，甚至做出让你更没有面子的事。不信？看看下面的故事你就明白了。

公元前605年，郑灵公煮了一锅老鳖汤分给群臣吃，但是唯独不让子公吃。子公觉得没了面子，很生气，跑到锅前面，把手伸进去搅了搅，这下大家都没得吃了。郑灵公很生气，想治子公的罪，但是子公首先发作起来，起兵造反，杀了郑灵公。

这个故事很简单，就是一个面子的事儿，郑灵公不给子公吃老鳖汤，让子公没了面子，于是子公发作起来，让郑灵公不但没了面子，连命都没了。这是历史上发生过的真实事件，也许你会觉得很可笑，就为了一碗汤，至于吗？是的，孩子，一碗汤没什么，但是没了面子可能就是大事了。所以，孩子，在以后，即便对方真的做了什么错事，你也要记得宽容看待，如果不得不说，那也要记得给人一个台阶下，别伤了别人的面子。唯有如此，你才能赢得别人的好感。

（1）不追究那些不重要的小事，你要有一份容人的雅量

孩子，在这个世界上，没有人是万能的，所以偶尔犯下一点无关紧要的错误、说错一句无关紧要的话，根本不算什么。有句老话叫"水至清则无鱼，人至察则无徒"，什么意思呢？当水太清澈的时候，就不会有鱼在其中生存；当一个人很精明，什么都明白的时候，也就没了朋友。为什么会这样？因为大家都希望有自己的隐私，也希望自己是以一个体面的形象出现在别人的面前，没有人喜欢被别人挑错。所以，当我们被别人指责这里做得不好，那里说的不对的时候，心里肯定是反感的。想想你自己，是不是这样呢？那一次我只是批评你吃完饭没有刷牙，你就很恼怒，因为妈妈指责了你。同样地，孩子，你觉得你出于一番好心指出了别人的错误，并希望别人能够改正，但是对方是不会感谢你的，甚至还会恼恨你让他没了面子。

所以，孩子，当你发现别人说错了你的名字、讲错了话、礼节失了的时候，只要不关系大局，就让自己糊涂一点，不要说出来。你容人一次，给人台阶下，一旦对方发觉到自己的错误，他会对你颇为感激，感激你没有让他失了面子。

（2）不得不说，那就拐个弯说

孩子，在有些关键的地方，对方做错了、说错了，你觉得自己必须要说出来，不然就会造成大的损失，这时候你怎么办呢？当然要说出来，但在说出来的时候要注意你的方式，给别人一个台阶下，不然不但不能达到效果，还可能会让对方恼恨你。

还记得那一次我和你在街上看到的情景吗？那一天我们亲眼看见一个小姑娘把自己的钱包掉在了地上，一个大叔就把那个钱包捡了起来，顺手就放进了自己电动车前面的袋子里。小姑娘很快就发觉了，她很着急地把那个大叔拦住了。小姑娘情绪稍定，对那个大叔说："对不起啊，大叔！"

那个大叔骑在电动车上，两个人互相看了好一会儿都没有说话，最后这个男人故作镇定地问："你拦住我，有什么事吗？"小姑娘终于鼓起勇气说了出来："大叔，我同学生了重病，家里的钱都花光了，同学们好不容易凑了一点钱要给他送到医院去，我也是太慌张了，才撞到了您的车子，真是太抱歉了！唉，我同学一家太可怜啦！您能明白我的心情吗？"小姑娘问。

男人想了一下，说道："哦，我想起来了，刚刚有个女孩从我的身边过去，急匆匆地，还掉了个东西。喏，就是这个，是你的不？"说着，从袋子里取出了女孩的钱包。

小姑娘立刻接过来连声道谢，转身走了。其实，两个人都知道发生了什么事，但是大家都不说破，小姑娘给了男人一个台阶下，男人也领了情，事情得到了圆满的解决。试想一下，如果小姑娘直接问男人要钱包，那又会怎样？男人一定会反驳，为了面子也会死撑到底。孩子，看到这里，你就应该明白，给别人一个台阶下是多么重要。

（3）多谅解别人，宽容会让你收获更多

在很多时候，有些人会为了自己的利益做出一些损害别人利益的事情。如果不是原则性的问题，就用宽容的心去谅解对方吧，那会让你收获很多。

春秋战国时期，鲍叔牙和管仲一起做生意，鲍叔牙出的本钱多，管仲出的本钱少，但是到分利润的时候，管仲却拿了大份。别人都说管仲太过分，鲍叔牙却替管仲说好话，他说管仲家里穷，拿大份也没什么，反正也没有多少钱。后来管仲在打仗的时候做了逃兵，鲍叔牙还替他求情，说他家中有老母亲要奉养，所以从孝义来看，也是可以原谅的。后来鲍叔牙还推荐管仲做了齐国的丞相，两个人互相提携，成了极好的朋友。后来鲍叔牙去世，管仲难过得痛哭流涕，说世界上再也没有像鲍叔牙一样懂他的人了。

孩子，无论到什么时候，你都要记住，在别人做了不对或者不好的事情时，要理解他，原谅他，给他一个台阶，保全他的面子，这样你才能如愿，甚至对方还会给你丰厚的回报。

教子小贴士

1. 孩子别太锱铢必较

因为阅历太少，很多孩子处理事情的方式都比较单一，对就是对，错就是错。但是在人际交往中，这样就很容易让人失了面子，进而孩子也会很不好过。所以妈妈可以通过一些事例告诉孩子，对于那些无关紧要的小错误就可以视而不见，如果一定要批评别人，最好委婉一点儿，让别人有台阶可以下。

2. 帮别人找台阶可以让自己收益更多

妈妈可以通过向孩子讲述历史人物的故事来让孩子知道给别

人留面子，给别人找机会，别人也会给你面子和机会。孩子知道有收益，那么会更乐于去宽容体谅别人。当然，妈妈在生活中也可以引导孩子，比如爸爸出了错的时候在全家人面前为爸爸辩护，爸爸就会感谢孩子等。

5.

注重细节，小事往往更容易让人感动

孩子，那天你从学校回来，气鼓鼓地说自己在班干部选举中失利了，让你生气的不是这个消息，而是住在我们隔壁的小寒选了你的竞争对手，而你的好友万亚杰也没有选你。你气鼓鼓地数落着朋友的狼心狗肺，自己落选了她们居然还兴高采烈，真是太让人生气了……听了你的话，我沉默了。孩子，在你数落别人不把你放在心上的时候，你有没有想过自己是不是对不起别人？今天妈妈就要和你说说怎样关心别人的问题。

孩子，你们这一代，是最幸福也是最不幸的一代。幸福是因为你们从小在父母的掌心里长大，没有受过半点儿委屈；不幸是因为你们衣来伸手，饭来张口，而且觉得索取是应当的。所以在走上社会之后，你们的自私就会显著地表现出来，你希望别人什么事都要听你的，希望大家都像父母一样关心你，希望大家把你当作重要人物看待……孩子，这可能吗？在这个世界上，除了父母，没有人会对你无条件付出，事无巨细为你考虑周全。离开父母怀抱的孩子啊，你必须明白，想要得到别人的关心，你首先要学会关心别人。

听到这里，也许你会觉得一头雾水，关心别人？那是怎么一回事啊？又该从哪里做起啊？其实，关心别人可以很简单，下面妈妈就为你做一下简单的介绍：

为什么说关心别人很简单呢？其实只要你从心底里认识到对方的好，并告诉自己要喜欢这个人之后，你的行为就会受到意识的影响，你才更能够认识到自己要关心别人。关心别人就是从小事和细节上做起，在别人需要帮助的时候伸出一把手，在别人孤单的时候给一句温暖的问候，在别人不舒服的时候给送上一杯水，记住别人的话……这些小事或者小细节通常不会花费你什么大力气，但是却可以让别人体会到你的关心。看了下面的故事，也许你更能明白小事和细节的威力。

西奥多·罗斯福是美国历史上最受人尊敬的总统之一，他的名声，无论是在任时还是离任后，都好得惊人，大家提起他的名字，总是会说：罗斯福总统，他就像我的老朋友一样可亲，让人尊敬。

人们做出这样的评价是因为罗斯福总统在任总统期间做了什么功勋卓著的事吗？其实他所做的，只是比别人多了一点热情而已。

在罗斯福总统去世之后，他的仆人安德烈向别人讲了一个很小却颇让人深思的事情。那时候，安德烈作为一个贴身仆人和妻子居住在罗斯福府邸旁边的小房子里，他们的房前有一片草地，闲暇的时候，总统也会到草地上散步。就在这一天，罗斯福总统遇见了安德烈的太太，此时她正坐在草地上看书。罗斯福总统微笑着向安德烈太太打招呼，他们随意寒暄了几句，安德烈太太说到她正在阅读的书籍上提到了一种叫作野鸭的动物，这令她很是好奇，便问罗斯福总统有没有见过野鸭，它是怎样的一种动物。罗斯福总统微笑着同她说起野鸭的模样及习性，说得很是详细，安德烈太太的脑海中渐渐浮现出野鸭的模样来。

第二天，安德烈家的电话突然响了起来，安德烈太太走过去拿起话筒，电话那端传来罗斯福总统热情的声音：“嗨，安德烈太太，快到窗子外面看看吧，一只野鸭正停靠在我们的草地上呢！”安德烈太太听了立刻走到窗户前面，定睛一瞧，果然看见一只和罗斯福总统昨天向她描述的野鸭模样颇为相似的鸟，再抬眼一瞧，就看见罗斯福总统在对面的窗子里对着她微笑。

罗斯福总统在卸任之后，曾重返白宫探访，重新踏入白宫。罗斯福总统没有忙着和那些贵宾们寒暄，而是直接去了厨房。厨房里的厨师和厨工们都在忙碌着，罗斯福总统走过去，同每个人打招呼。

他微笑着向两手沾满面粉的桃丽丝太太打招呼：“嗨，桃丽丝，我想你今天一定很忙！"一转身又拍拍厨师杰克的肩膀："最近还经常喝酒吗？有空我们一起出去喝两杯吧！"罗斯福在厨房里和每个人交谈，就像熟悉的老朋友一样。后来，这些曾经为罗斯福总统服务的人在缅怀他的时候，每个人眼中都含着热泪，厨师史密斯说："罗斯福总统总是那么热情，那么关心人，谁能不被感动呢？"

孩子，看到了吗？罗斯福总统得到别人的喜爱并不只是因为他做了什么伟大的事情，还源于他在一些细节和小事上付出了自己的关心。其实，生活就是这样，很多时候我们耗费心力去做一件大事往往不为人所知，但是一些出自细节上的关心却可以让人永远铭记。

所以，孩子，不要再说自己不屑于做那些小事，其实正是这些小事才更能让人体会到你的关心，进而更加愿意关心你。你是个聪明的孩子，妈妈相信你明白了这个道理之后一定会更加注意一些细节，做好了那些小事，你就能得到更多的赞许和认可。当别人从你那里得到了关怀，在你需要关怀的时候，他们也会关心你，并及时给予你帮助。

教子小贴士

1. 孩子，想得到别人的关怀首先要关心别人

现在许多孩子都是独生子女，他们不懂得关心别人，却渴望每个人都能像父母一样关心他们。妈妈这时候要告诉孩子，世界上没有无缘无故的爱，也没有无缘无故的恨，想要得到别人的关

心和呵护，那么孩子自己必须先学会付出爱和关心。

2. 孩子，关心别人可以从细节和小事上表现出来

如果孩子不知道怎么关心别人，妈妈就要及时加以引导，告诉孩子，关心一个人并不难，在别人遇到困难的时候伸一伸手，或者给别人一些安慰，就可以换来一份珍贵的友谊。妈妈可以举出生活中的一些小例子，比如说在别人感冒的时候送上一杯水之类的事情，让孩子明白，其实关心人就是这么简单。没了为难情绪，自然也就愿意伸出自己的双手了。

6.

做个真心帮人解决问题的女孩儿

孩子，那天你的同学刘乐来找你，想向你借100元钱，因为他弄丢了爸爸刚刚买给他的变形金刚，担心爸爸会骂他，所以想再买一个新的。但是在他向你借钱的时候，你却找了个借口拒绝了他。说实话，前些天我还亲耳听见你对他说你们是好朋友，只要能办到的一定帮忙，但是怎么在别人真的需要你帮忙的时候你就拒绝了呢？孩子，在生活中其实我最不喜欢的就是当面一套背后一套的人，只有那些真心帮助别人解决问题的人才能获得别人的尊重和喜爱。孩子，妈妈接下来就要和你说说这个问题。

人在社会上生存，趋利避害是一种本能，人人都希望能够用最小的投入去换取最大的回报，或者在遇到困难的时候身边能有人对自己提供无偿帮助。但是另一方面，怕麻烦、怕付出得不到回报也是人类的一种心理。所以我们经常可以看到一些冷漠的人，他们明哲保身，即便是看到别人出现了麻烦而自己只需伸手就能帮到对方，却也依然装作什么都不知道悄悄地走开。这种人我们不能从法律上去评判什么，但是这样不但失去了内心中的一种美好，亲手把自己划入了冷漠者的行列，同时还让自己失去了一个朋友。是的，没有人会选择和一个自私冷漠的人做朋友，这种人只会利用他人，给别人带来麻烦，甚至还会为了利益暗箭伤人。我想就算是一个自私冷漠的人也不会愿意再同另一个自私冷漠的人做朋友的，你说对吗？做一个真心帮助别人的人，那么别人在你需要帮助的时候也会施以援手。看了下面的故事，或许你更容易明白其中的道理。

一次，著名哲学家西多菲尔去探访他的一个好朋友安特尔夫人，此时安特尔夫人刚刚经历一场变故，她正难过地哭泣。西多菲尔不知道安特尔夫人为什么哭泣，于是便向她询问原因。安特尔夫人欲言又止，最后只是告诉西多菲尔她遇到了许多贵族都会遇到的问题："我无法改变这一切，所以我很伤心。"西多菲尔不知道安特尔夫人究竟遇到了什么事，但是看到安特尔夫人家里好像并没有发生什么变故，他就猜到一定是感情上的事情，于是西多菲尔就同她讲了许多名女人悲惨的故事。安特尔夫人终于止住了哭啼，她对西多菲尔说："你所说的这些事情我都知道啊！我已经这么悲惨了，为什么你还同我讲这么多悲惨的故事呢?"西多菲尔回答:"这些人的命运是多么悲惨啊，但是她们依然可以好好地生活下去，为什么你要这么悲伤呢? 除非你比她们还要惨，不然我希望你别再去想那些令人不开心的事情了。"安特尔夫人听了西多菲尔的话，心里非常感动，她说道:"谢谢你，听了你的话我觉得没那么难过了，至少我有你这样一个如此帮助我、安慰我的朋友。放心吧! 我会调整好自己的心情。"但是西多菲尔依然经常来探望安特尔夫人，直到有一天她真的走出了阴霾。

但是很不幸，一场灾难很快降临在了西多菲尔身上，他的幼子在一次事故中死去了，西多菲尔难过得痛不欲生。这时候安特尔夫人又来安慰他了，她不但给他讲许多伟人的丧子之痛，还会让厨师给他做些拿手好菜，让他不至于被悲伤打倒。在安特尔夫人的悉心照料下，西多菲尔也渐渐地忘记了悲伤。

看到了吗，孩子? 当一个人真心去帮助别人的时候，别人也会真心地帮助你。其实，帮助别人就是一种给予，把我们的时间、金钱、精力、关怀等给予需要的人，这是一种付出。当你为别人真心付出之后，别人也会用真心来回报你。孩子，你必须知道，没有人在这个世界上会一帆风顺，我们总是能遇到各种各样的问题和困难，当你遇到困难的时候自然也就会向别人求助，在别人需要帮助的时候你没有伸出援手，那么别人为什么要在你需要的时候帮助你呢? 所以，孩子，为了你以后在遇到困难的时候能够得到别人真诚的帮助，请在别人需要的时候帮助他人吧。就像你的同学刘乐来找你借钱，你知道他不是借了你的钱就乱花，而是确实遇到了麻烦事，那你就应该把钱借给他，如果他还钱给你，那你不但不会失去什么，还会得到一位好朋友，在你需要帮助的时候，他也同样会对你伸出援手。相反地，如果他借了你的钱很久都不还，或者再不提还钱的事儿，那你就用100块钱看清了一个人，既然这种人这么不够朋友、不讲信义，那就果断地把钱讨回来，所以你依然没有损失。

最令人讨厌的，就是那种当面一套背后一套的人。一个人平时总是把自己说得很仗义、很乐于助人，但是在别人真的需要他的帮助时他却没有伸出援手，那么别人会更加生气也更加失望。你给了别人希望，让别人来找你，但是最终却让人失望，这实在是一种很让人心寒的做法。所以，孩子，如果你不打算去帮助别人，那就不要对别人说自己乐于帮助别人之类的话。

孩子，如果你明白了其中的道理，那就努力做个真心帮人解决问题的女孩儿吧！

教子小贴士

1. 人遇到问题的时候不要一味批判

孩子，如果你的朋友把自己的问题或者苦恼告诉了你，你可以安慰他，但是最好还是提出一个切实可行的建议，或者想办法帮他把问题解决掉。这样才是真的帮助别人。

2. 不出于功利心去帮助别人

诚然，我们帮助别人是为了交到朋友或者在自己遇到困难的时候也有人帮助自己。但是，如果当自己在对别人有所要求的时候才去帮助别人，这样或许会让你如愿以偿，但是也会让人感觉你们之间是相互利用的关系。所以，帮助别人应该是一种习惯而不应该出于一种功利之心。

3. 别伤了人的自尊

为什么很多人在帮了别人之后得不到别人的感谢呢？原因之一就是你在帮助别人的时候，让别人的自尊心受损了。所以，在帮助别人的时候，你也要问一下自己，如果你遇到了同样的问题，别人怎样做才能让你不尴尬，那么你就应该用那样的方法去帮助别人。

总之，妈妈希望你能是一个真心帮人解决问题的人，这不单单是出于功利的目的，也是一个女孩完善自己、丰富自己的过程。一个内心充满了爱心的人到什么时候都可以无愧于心，这也是一笔可以让你永远沉淀在内心里的财富。

7.

用感恩之心，去经营生活中的点点滴滴

晚饭的时候，你对着妈妈辛辛苦苦做好的饭菜指指点点，这个菜太咸了，那个菜太淡了，连粥都太稀了，这顿饭简直没法吃……听着你不停地数落，说实话，孩子，我很生气。要知道妈妈为了做好一顿饭，一下班就赶到菜市场，回家洗菜，煎炒烹炸，累了一身的汗才做出来的，现在却被你百般挑剔，妈妈真的特难过。其实，孩子，你这样诸般挑剔，除了让自己和身边的人不开心之外，没有任何好处。妈妈一直相信，只有一个人懂得感谢别人的付出，才能发现幸福，也才能让身边的人幸福。今天妈妈要和你说的，就是关于感恩的话题。

孩子，你从小就是爸爸妈妈的心头肉，在你出生的时候，妈妈咬着牙忍着剧烈的疼痛，坚持了八个小时，直到你出生，看着你安静地睡在床上，像一个小天使，妈妈突然觉得浑身的疲倦都消失了，那一瞬间，我高兴得几乎要落下泪来。当然，这一切你都不知道，你是一个崭新的生命，每天只知道吃奶、睡觉，当然，还有拉便便和尿尿。因为你什么都不懂，所以经常都是把床尿湿，这时候，奶奶、爸爸和妈妈就要给你洗尿片，一点儿怨言也没有。后来你渐渐长大，想要什么爸爸妈妈就给你买，热了冷了妈妈就会给你换衣服，家务活儿从来都不让你做，因为你是爸爸妈妈的宝贝。或许正是因为爸爸妈妈太过宠爱你，所以你认为这一切都是理所应当的吧，所以对于爸爸妈妈的付出，你从来没有表示过感谢，也没有意识到我们在你的成长中牺牲了什么又付出了多少，只是由着自己的性子，想要什么就要，想说什么就说，爸爸妈妈做了什么你都不放在心上。但是我们依然愿意为你付出，尽管有时候你伤透了我们的心。

但是，孩子，随着时间的推移，你会慢慢长大，也会慢慢进入社会。在社会上，没有人会像爸爸妈妈一样宠爱你，也没有人会像爸爸妈妈一样包容你，你想要得到一样东西，必须要付出才能得到。那时候，你会觉得这个社会很糟糕，因为人人对你的付出都是有条件的。同学很糟糕，因为他们从来不会让着你；老师很糟糕，因为他们不宠你……孩子啊，不是他们糟糕，是你对自己定错了位。

　　这个世界上，没有谁欠了谁什么，所以你想从别人那里得到什么，首先你得先付出点什么，这是很合理的。如果别人给了你机会或者帮助了你，你就应该感恩，为这个世界上有好人帮助你，也为你自己还有这样得到别人帮助的机会。或许你不会理解，为什么爸爸妈妈可以对我无休止地付出，而别人却不可以呢？原因很简单，因为我们爱你，所以我们可以无偿为你做任何事。但是孩子，你必须明白，这个世界上除了父母之外，没有任何人会无所求地帮助你。对于你所得到的东西，你应该心怀感恩，这样才会快乐。看了下面的故事，你就更能明白其中的道理了。

　　安安是个很聪明的女孩子，她从小受到爸爸妈妈的保护和宠爱，就像是泡在蜜罐中长大一样。但是终于有一天安安长大了，她离开了爸爸妈妈的保护，去了外地。在外地，安安发现没人帮她洗衣服，也没人帮她打饭，有了委屈也没人来安慰她，她觉得很难过。有一次，安安的衣服开线了，她自己也不会缝，同寝室的小叶看见了，就顺手替她缝了，安安很开心，对小叶说了声谢谢就自顾自玩去了。后来小叶有个网页做不出来，问安安，安安随便说了两句敷衍的话就出去了，因为她觉得太麻烦了。后来同样的事情又发生在了几个同学的身上，大家都说安安有公主病，不愿意再帮她做任何事。安安很生气，生每个同学的气，觉得他们太不善良了，怎么可以不帮助自己呢？在这种情绪的影响下，安安开始出现一些心理疾病，她不想读书了，想回家了，因为爸爸妈妈可以无条件帮她做任何事。安安的爸爸妈妈发现安安的问题之后带她去看心理医生，在心理医生的开导之下，加上又读了一些书籍，安安这才明白了，原来有问题的不是同学们，而是自己。自己把父母的爱当作理所当然，不懂得感恩，父母不会同自己的孩子计较，但是别人会，所以面对安安这个不懂得感恩的人，大家都拒绝同她交往。后来，安安回到学校，彻底改变了从前的做派，她变得乐于助人起来，尤其是那些曾经帮助过她的人，她总是很积极地去帮助他们。渐渐地，安安发现，她身边的朋友渐渐地多了起来。除了这些，安安发现父母脸上的笑容也多了，因为安安回到家经常帮助爸爸妈妈做家务，还经常陪他们聊天说话，大家都说安安是个好孩子。安安也越来越开心，因为现在的她有了一颗感恩的心，一想起来有这么多的人喜欢自己、爱自己、乐于帮助自己，她就觉得很幸福。

　　孩子，妈妈和你说这么多，并不是希望你能回报给妈妈什么，而是希望你能明白，这个世界上有太多值得你感谢的人，你应该常怀一颗感恩的心。别人帮助你，不是他们的义务，所以你应该感恩，在别人需要你帮助的时候努力帮助他们。别人不帮你，你也无须抱怨，因为他们没有义务。以一颗平常心去看待这个世界，你会很快乐。妈妈做好了饭菜，可能不太合口味，但是你依然感谢妈妈，因为她是用一颗爱心辛辛苦苦才做出了这顿饭；你很顺利抵达学校，你应该感谢交警和司机的贡献，正是因为他们的工作，你这一路才走得平安顺利；坐在温暖的教室里读书，你应该感谢边防的战士为我们保驾护航，因为正是他们的付出，我们才能在和平的年代里学习知识……孩子，随意看看你就能发现，其实这个世界上值得我们感谢的人实在是太多了！如果你能发现这些，并将之记在心间，那么妈妈相信，将来你的生活会越来越幸福。

教子小贴士

1. 告诉孩子要懂得感恩

现如今的孩子大多是在蜜糖罐中长大，自我意识太强，别人对她做什么她都认为是理所当然的。如果自己家的孩子出现了这种情况，妈妈一定要告诉孩子，这个世界上人与人是平等的，别人帮了自己，就一定要心怀感恩，并在别人需要帮助的时候帮助别人，这样做才能赢得好人缘。妈妈可以用身边人的例子加以佐证，比如谁谁谁，别人帮他，他也帮人，所以大家都喜欢他等。

2. 教育孩子将自己的感恩表达出来

在孩子明白了感恩的道理之后，妈妈可以通过身边的小例子告诉孩子怎样把自己的感恩表达出来，除了在别人需要的时候帮助之外，我们还可以通过一声感谢、一句问候、一封邮件等简单的方式表达出来，让别人感受到，那么你们双方都会很开心。

3. 告诉孩子感恩的人会更乐观

以感恩的心来看待世界，世界就会美丽很多，就像一个短消息里说的那样：感谢伤害你的人，因为他磨炼了你的心志；感谢欺骗你的人，因为他增进了你的智慧；感谢中伤你的人，因为他砥砺了你的人格；感谢鞭打你的人，因为他激发了你的斗志；感谢遗弃你的人，因为他教导你该独立；感谢绊倒你的人，因为他强化了你的双腿；感谢斥责你的人，因为他提醒了你的缺点……孩子明白了这些，顺境和逆境都可以泰然处之。

8.

换个位置，你就能理解别人了

孩子，那天你回到家，一副气呼呼的样子。我问你怎么生气了，你摆摆手："唉，别提了，我借了同学小莉的笔忘记归还，结果今天一上学她就很生气地冲着我大叫，还说我说话不算数，闹得整个班都认为我是个不讲信用的人。唉，真不明白，不就是一支笔吗？至于把这件事闹得这么大吗？"听着你噼里啪啦地述说自己的烦恼，说实话，孩子，有那么一瞬间我从你的身上看到了自己曾经的影子。年轻的时候，我也曾同你一样，总是会让自己陷入与他人的矛盾里。不过自从我真正明白要站在别人的角度看问题之后，我的烦恼就少了许多。孩子，妈妈接下来和你说的，就是这样的一个问题。

孩子，其实我们普通人，每天百分之八九十的精力都是放在关注自己、分析自己上面的，正是因为这样，导致我们每个人都是站在自己的立场上看待问题。但是我们要清楚，人和人是不一样的，每个人都有自己的人生观和价值观，也许很多事情在你看来微不足道，可是在别人眼中就是一个很大的问题了。本来人与人之间的很多问题都是可以避免的，只要站在别人的立场上去想想就可以了。妈妈和爸爸之间就有类似的情况，讲给你听听。

有一天妈妈正在厨房煎油饼，你爸爸走进来站在旁边看，看着看着就开始指挥妈妈说："你看，火有点儿大了，油饼都有点儿焦了。还有，你捏的那个饼块太小了，可以再大点儿。"过了一会儿又说："快快，那个饼子熟了，赶快捞上来。"你爸爸的这一些话弄得我手忙脚乱，我实在受不了了，大声地说："我知道怎么做，你去屋里等着吃就行了！"这时，你爸爸笑着对我说："老婆，我知道你懂，可是我只是想让你知道，当我在开车时，你坐在我旁边唠唠叨叨时，我的感觉如何。"所以，孩子，看到了没？在你爸爸告诉我这些之前，我一直不能理解为什么每次开车时，你爸爸总是那副表情。在妈妈看来，这没什么啊，妈妈只是告诉爸爸走那条路更好，我们应该离前面那辆车子多远，可是妈妈忘了，爸爸开了这么多年的车，自然比妈妈更熟练。

所以，女儿，当你长大了，有了自己的男朋友，在为一些鸡毛蒜皮的小事吵架之前，先站在对方的立场上想一想。当你想过之后，觉得的确是自己不对，就坦诚地道歉。如果确定自己没有错，那么就把对方引到你的角度去思考一下。聪明的女人会不费一枪一箭让战争化解，而且会给对方落个讲道理、大方的好印象。同样，换位思考也更能够让你理解自己的老公或男朋友，两人之间的共鸣会更多，那么你们之间的关系也会更和谐。你张叔叔和张阿姨在你很小的时候，经常是家里硝烟弥漫，张阿姨嫌弃张叔叔每次回家都往沙发上一坐，啥也不干，让他帮忙他也是哼哼哈哈地找出各种理由拒绝。因为张叔叔觉得，张阿姨就只是在家带带孩子，为啥每次回来不是饭还没做好就是衣服还没洗完，肯定是跑着玩去了。于是他们经常为了这类事情吵架，一度闹到了要离婚的地步。后来有一位好朋友给他们出了个主意，趁着假期让他们夫妻交换一个星期的角色，张阿姨去商店当一个星期的促销员，张叔叔负责在家洗衣服、带孩子、做家务。一个星期过去了，角色又交换了回来，但他们的生活却发生了变化，张叔叔每次回家总是帮张阿姨拖拖地啊、洗洗菜啊，而张阿姨也每次在张叔叔回来之前给他放好洗澡水、沏好茶，好让张叔叔一回来就放松一下。以后邻居们再也听不到他们夫妻吵架了，而且去年他们还被居委会评为了模范夫妻呢！你看，简单的一个换位思考就挽回了一段婚姻，创造了一个幸福美满的家。

孩子，看到了没，换位思考是一件多么重要的事情啊！所以，孩子，以后你在为人处世的时候也要站在别人的角度上想一想，这不但适用于日常生活，以后你进入了职场也是一样的。职场就是一个小社会，每个人都有自己的考虑，都有自己的立场，有时可能因为利益的冲突发生一些事情。举个简单的例子，你的工作成绩出色，那么必然会有同事排挤你，甚至中伤你，你会觉得很郁闷、很生气。但是，孩子，这些负面的情绪不但让你自己不开心，还会影响你的工作。其实，只要有人的地方就会有竞争，这没有什么好生气的。你有了能力，去帮助一下别人，或者加薪水的时候请别人吃一顿饭，这些简简单单的事情不但可以打消别人的敌意，还能为自己带来好人缘。

站在别人的立场上考虑一下，是否因为你的一些行为导致大家对你误解了，从别人的角度来看问题，你才能更清楚地知道怎样才能让别人喜欢你。如果你能做到这些，相信你的人缘会越来越好。有时候，你可能因为老板的一顿痛骂而对老板恨之入骨，觉得老板不近人情。可是孩子，站在他的角度想一想，他为什么骂你？你真的一点错都没有吗？换位思考之后，你就会明白，老板骂人是因为你做错了，你违反了规定，作为团队中的一员，他必须要责备你，不然就没有办法服众，所以可能你要做的不是抱怨而是感激。所以换位思考会让你拥有宽阔的胸怀，也为你能够更快更好地成为公司的管理者培养一个基本素质。换位思考是每一个成功的职场人立足的资本。

另外，面对竞争对手时的换位思考同样重要，只有站在对方的角度去想去看，你才能更了解对手，这样才能"知己知彼"，在竞争中立于不败之地。

教子小贴士

1. 告诉孩子面对争议时要会换位思考

女孩子因为思维的跳跃性和感情的细腻性可能更容易因为一些小事和别人起冲突，这时妈妈要教会孩子试着从别人的立场上来看问题，客观地分析，不要因为一时的冲动做出后悔的决定。

2. 培养孩子换位思考的能力

换位思考是每一个成功的人的基本素质，而父母都希望孩子成为一个成功的人，那么教会孩子这一点，并且时时提醒孩子，培养她不管是面对家人、朋友、同学、同事还是对手都进行换位思考的习惯。

第二章
每个女孩都是一道瑰丽的风景

　　妈妈相信，每个女孩当初都是天上自在的天使，因为背负了特殊的使命才会降临人间。因此，你千万不要觉得自己不重要，相反，你应该坚信自己的明天必然会迸发出与众不同的绚丽。我相信，在不久的将来，你会成为世人面前的一道瑰丽美景，向整个世界证明你的价值。

9.

女孩儿永远是这个世界上最亮丽的风景

孩子，你曾经说过你不喜欢做女孩儿，其中的一个原因就是做女孩儿太麻烦了，要受各种各样的束缚，不能大笑，不能大闹，不能谈太多次恋爱，真的好烦啊！但是孩子，妈妈今天想和你说的，就是千万不要因为自己是一个女孩儿而苦恼，在这个世界上，女孩儿是最亮丽的风景，没有女孩儿的世界是很可怕的。

孩子，说实话，你刚出生的时候，妈妈的心里还是挺忐忑的。虽然从内心里来说，妈妈希望有一个女儿，因为女儿是妈妈的贴心小棉袄嘛。只要想想以后有一个可以随时随地交心的贴心的人儿，妈妈就幸福得要笑了。但是转念想到未来你要承受的压力，妈妈又笑不出来了，因为就像你所说的，做女人真的是一件挺麻烦的事呢！

可是现如今随着你渐渐长大，妈妈的认识却又发生了改变，有时候看着你的笑脸，妈妈甚至庆幸你是一个女孩。你就像是一道不停在变化却一直很美丽的风景，时时给我惊喜，让我心动，那种美丽，是男孩子无论如何都给不了的。

童年的时候，你娇憨可人，经常穿着一身可爱的娃娃衫偎在妈妈的怀里，让妈妈讲故事，还会亲吻妈妈的脸。那时候送你去幼儿园，你总是阴着小脸依依不舍地同我告别，当我去接你的时候，你又欢呼雀跃，搂着我的脖子说好想我。孩子，你知道吗？那时候的你，就像是一个开满了鲜花的百花园，到处都给人美妙的感觉。啊，当然，这种感觉只有做妈妈的才有。

你渐渐长大，清纯可爱，你极少化妆，但是脸上那甜美的微笑就是最好的化妆品。这时候的你，不再缠着妈妈给你讲故事，你喜欢阅读，喜欢画画，喜欢一切美丽的东西，有时候看见你坐在窗前静静看书，妈妈的心里就会涌起一种前所未有的满足！这时候的你看上去多么像一处风景别致的小公园啊，有亭台楼阁的韵味，也不失花花草草的天然，赏心悦目，自在随心，美得几乎无法用言语表达出来。

现在的你，还没有成为一名青年，但是妈妈依然可以想象出你将来的样子，成熟优雅，淡妆浓抹总相宜。那时候的你，虽然很忙，但是依然会抽出时间来挽着妈妈的手一起逛街，我们一起聊着工作和生活的各种话题。你就好像是一片美丽平静却不失波澜的水，温柔中有自己独特的坚持。

至于你步入中年之后的样子，妈妈就不说了，因为我会用自己的行动让你看到。

女孩子的一生，其实就是一个不断追求美的过程，一个女孩，无论漂亮与否，她来到这个世界上，就是一道美丽的风景，正是因为有这些女孩的加入，这个世界上美丽的事物才越来越多、充满色彩。可以说，在女孩儿没有降临之前，这个世界就像是长满了荒草的蛮荒之地，男人们穿着单调且款式稀少的衣服做着无聊的工作。而女孩儿的降临就好像给这个世界注入了活力，荒草中开出了鲜花，充满了各式各样的色彩，女孩儿用自己的巧手把世界编织得更加多姿多彩。

孩子，或许你会觉得做女孩儿不及男孩子那样受重视，但是孩子，妈妈真的很庆幸你是一个女孩子！

孩子，你应该明白，女孩儿是美的化身，是这个世界上最美的风景，身为女孩儿，是一件多么值得庆幸的事情啊！

教子小贴士

1. 告诉孩子，女孩儿就是一道美丽的风景

妈妈要告诉孩子，女孩子的美是终身的，是别致的，是这个世界上最美丽的。为了更具有说服力，妈妈可以以自己和孩子的例子加以说明，让孩子真切体会到自己的美，这样她以后会更自信，也会更懂得欣赏自己。

2. 告诉孩子，其实做女孩儿很好

如果孩子觉得做女孩儿很麻烦，不及男孩子洒脱随意，那么妈妈就要拿出现实中的例子来告诉孩子，在人生的长河中，女孩子暂时的劣势实在算不了什么，因为男孩子们将来要面对和承担的问题更多。

10.

你要为这个世界不断加入感性的色彩

孩子，你曾很苦恼地对我说：妈妈，我不想做女孩儿了，做女孩儿不好。我听了很诧异，不知道你为何会生出这样的感觉。于是你又说，看看那些男孩子，多坚强啊，轻易都不掉眼泪，也不会因为一点儿小事伤心，他们的胸怀多宽广啊！再看看女孩子吧，太过感性了，一点点小情绪就会大哭大笑……孩子，我不得不承认，现在的你，再不是当初那个唯唯诺诺的小女孩了，你长大了，有了独立思考的能力。但是因为阅历的有限，你对某些问题的看法难免会有些偏颇，对于感性的见解便是如此。

在这个世界上，有两种人，一种是男人，一种是女人，他们相辅相成，相互补充，这个世界才有了美。男人是理性的，他们用理性来做出决策，去改变世界；女人是感性的，她们用感性为这个世界增添美和色彩，世界也因为感性而美丽。男人与女人，本身就应该是不同的，孩子，你能想象一个世界上没有感动、没有欢欣、没有激动、没有泪水、没有愉悦吗？如果没有这些，那么这个世界该是多么的可怕：人与人之间总是平铺直叙的对白，做事情都是一板一眼按照规矩来；人们不流泪，也没有值得欢欣的事情，人类每天的生活就是按部就班地工作、吃饭、做家务、睡觉、上厕所；电视里、电影里男女主角的爱情故事不再充满着波折，他们和现实中的人一样，用理智去判断得失，趋利避害……肯定无趣得让人想睡觉吧！所以，妈妈还是希望你能保持一份属于女孩子的感性。因为当一个女孩子太过理性，那一定是一件可怕得让人无法忍受的事情。不信，看看下面的故事你就明白了。

易飞是个很漂亮的女孩子，她从小没了母亲，在爸爸的管教下成长，所以成了一个很理性的人。小时候别的女孩子都喜欢听白雪公主之类的故事，但是易飞从来都不听，因为在她的意识里，那些都是假的。易飞读书的时候，学校经常组织"学雷锋"活动，但是易飞从来都不参加，因为在她看来，那太浪费时间了，有谁需要一个小孩子帮助呢？孤儿院里的老人需要的是更好地照顾，而不是一帮小孩子过去帮他们去表演什么所谓的节目。后来易飞长大了，她脚踏实地地选择了做一名工程师，在她看来，工程师最实在，靠手艺吃饭，什么时候都不用担心失业，不像那些女孩子一样，总是每天做着不着边际的梦。后来有男孩子追求易飞，送给易飞小礼物，易飞当时就拒绝了。她不喜欢这些没用的东西，鲜花放几天就凋谢，她要的是一份安全感和一个可以陪她过下半辈子的人。后来易飞果然找到了对象，他和她一样，是个脚踏实地的人，每天他们一起上班下班、吃饭睡觉，日子过得很平淡。后来易飞渐渐老了，她退休了，每天过着很有规律的退休生活，不缺吃也不缺喝，但是每天陪伴她的，除了她那不声不响的老伴儿之外，还有一个老朋友，它的名字叫作孤单。当别人有滋有味地回忆起童年时的欢歌笑语、少年时的青春萌动、青年时的为爱痴狂、中年时的醋畅淋漓以及老年时的天伦之乐时，易飞的心里总是空落落的。因为在她理性的人生里，好像自始至终都一样，她的人生一直在固定的轨道上行走，从未有过偏离，所以她的人生也就成了一幅没有色彩的画。

孩子，看到了吗？如果这个世界上的女孩子都不再感性，该是一件多么可怕的事情。作为一个女孩子，你的出生，就意味着这个世界上又增添了一种最美丽的色彩，或许你从来没有意识到，无论你是痛苦还是欢笑，无论你是犹豫还是后悔，你的人生都因为感性而美丽丰富。一个女孩子，从出生开始，就是感性的代表。你的出生，是在不断为这个世界增加美和色彩的。一个感性的女人，往往很容易动感情，而这些感情，会让你的生活更有活力。当你看到拾荒者流露出怜悯进而献出爱心的时候，当你看到同学倾尽全力帮助你而感动的时候，当你欢快地吃着妈妈做的美味的饭菜的时候，孩子，你的心中一定是快乐的，你那感性的心会让你更容易体会到一种特别的幸福！所以，孩子，为你拥有这样一份感性而快乐吧！

教子小贴士

1. 告诉女儿，女孩生来就是感性的

当孩子讨厌自己的感性时，妈妈要告诉孩子，理性固然好，但是这个世界上同样离不开感性。感性与理性，本来就是相辅相成的。理性的人固然可以善于控制自己的情绪，避免被情绪引导而做出错误的判断，但是如果一个女孩子只有理性而没有感性，也是一件十分可怕的事情，太过理性会让女孩失去本身应有的特质。这个世界上已经有足够多理性的男人，如果女孩子也变得不再感性，那这个世界可能会让人觉得窒息。

2. 告诉孩子，感性没有什么不好

妈妈要告诉孩子，一个女孩子，从出生开始就应该是感性的，这种感性，不但可以为世界带来更多的色彩，也会让自己更容易感受到幸福和快乐，这是理性远远不能给予她的。所以，在人生重要的时刻理性，在日常生活中感性，是一个好的选择。

11.

施行生命的救赎，而不是随波逐流

孩子，那天你回家很晚，我问你怎么了，你说同班的女孩邀请你去酒吧玩。我听了当时就觉得不对劲，女儿，你还只是个孩子，为什么要学成年人一样去酒吧呢？你只是叹了口气，说你本来也是不想去的，奈何周围的几个女孩子都要去，而且据说五个女孩子一起去的话，老板会给更大的折扣。你本来想拒绝的，但是领头的女孩说如果你不去的话她们以后就再不和你玩了。于是你担心了，你屈服了，你同她们去了酒吧。你不喜欢那里的气氛，所以待了一会儿就回来了。孩子，这件事让妈妈的心情立刻沉重起来。在我们的生活中，总会出现一些我们讨厌却又很难摆脱的人，你要用正确的态度来面对。妈妈接下来要和你说的，就是这样的一个问题。

孩子，妈妈在和你一样年岁的时候，日子过得很简单，大家每天所想所做的，就只有一件事，那就是学习，考出好成绩。但是现如今你们这一代的娱乐休闲放松方式真的是越来越多，除了学习，你们可以唱 K、蹦迪、划水、郊游……总之，如果愿意，你们可以玩出多种花样。我从来不反对娱乐，因为一个连玩都不会的孩子是可怜的。但是，随之而来的问题是，你要玩，便有了更多和人接触的机会，这些人，可能会给你带来很不好的影响。就像你曾经遇到的那些女孩，你不去，她们便要针对你，于是你不得不屈服。成年人去酒吧，图的就是个放松，但是小孩子去酒吧，能干什么呢？跟风？喝酒？说实话，我真的不敢想象。

你说你不想去，是被同学逼着去的，这一点我相信。但是孩子，如果你因为别人逼你去，你就要去，那么以后她们还会用同样的办法逼你做更多不好的事情！

孩子，当你遇到这种情况，你会怎么做？服从？反抗？还是同流合污？你不想被欺负，更不想和他们在一起，但是可能你会最终选择服从甚至加入他们。孩子，我最不希望看到的，就是这样！

孩子，你应该明白，如果你用恶人对待你的方法去对待恶人，或许可以让你躲开一时的苦恼，但是你也就会变成和他们一样的人。从天使到魔鬼，中间的距离可能就只是一个念头。

在这个世界上，没有人希望自己是弱者，也没有人希望自己是被人欺负的那一个。但是如果仅仅因为这样就选择和那些恶势力同流合污，那我不得不很遗憾地说一句：你的人生路走偏了！

孩子，妈妈衷心祝愿你以后的人生平平安安，没有人引诱你做坏事，没有人刻意中伤你，也没有人欺负你。但是如果很不幸，你遇上了这些情况，请不要和他们同流合污，也不要把希望寄托在以暴制暴上，你可以独善其身，向爸爸妈妈求助，或者动动你聪明的脑筋，通过更有利的方法来保护自己！

教子小贴士

1. 告诉孩子每个人都可能会遇到坏人，受到不良引诱

随着慢慢长大，孩子会接触到社会的许多阴暗面，可能会受到引诱，被别人欺负……面对这些情况，妈妈要告诉孩子不要害怕，因为很多人都会遇到这些情况的。妈妈要告诉孩子，不能因为受到欺负或者不公平的待遇就仇恨社会，学做坏人，这样就等于放弃了自己，会受到更多的伤害，以暴制暴对待坏人是最愚蠢的。

2. 告诉孩子理性对待，独善其身才是正确的选择

妈妈可以通过事例告诉孩子，某某也是被人欺负，但是他就

很聪明，利用自己的特长让坏孩子尊敬自己，甚至到最后还感化了他们。当然，若孩子没有能力去感化别人，妈妈就要告诉孩子，多长点儿心眼儿，离那些坏孩子远一点，或者求助于父母或老师。

12.

张开智慧的双翼，才能打开幸福之门

孩子，那天我们一起回老家，见到了你的云云表姐，她比你年长两岁，小时候你们经常在一起玩耍。现如今，云云在南方一家公司做操作员，一个月收入 3000 元。你听了很是羡慕，对我说，妈妈，要不我也不上学了，直接去工作，这样不但不再用你和爸爸的钱，还能赚钱给你们用，而且现在许多人就算大学毕业了也还是找不到工作，还不如现在就去学门技术，才能更好找工作……我听你这么一说，当时脸就沉下来了。孩子，妈妈供你读书可不是单单希望你把知识当作获得一份好工作的敲门砖，妈妈希望你能在读书的同时拥有更智慧的人生观和价值观，因为一个智慧的女人才是幸福的。妈妈接下来要和你说的，就是这样的一个问题。

孩子，妈妈知道，在当今社会，很多大学毕业生找不到工作，这是一个很现实的问题，于是社会上便开始传播这样一种说法：

读了书也找不到工作，还不如不读。于是很多目光短浅的家长便放弃了让孩子去继续读书深造，他们总觉得读那么长时间的书不但不能找到工作，还要浪费大量的金钱、时间和精力，还不如不读。于是每年都会有大量优秀的学生选择辍学。孩子，妈妈不希望你受到这股风潮的影响，因为读书的目的不应该是出于功利。在当今，有一种早已落伍的思想，好像读了大学，拿了学历，便能找到一份好工作。的确，很多技术性较强或者专业水平要求较高的工作的确只有高学历、高能力的人才能胜任，但是某些工作需要的技能是学校教不了的，大学生在学校的时候学习的知识的实用性有待商榷，所以他们走出校门找工作，这条路往往走得并不轻松。妈妈希望你的大学生活能够从一个正确而积极的态度出发，这样你才能成长为一个有智慧的女孩。首先，你必须明白，读书不只是为了找工作，还是为了充实自己。我们常说"腹有诗书气自华"，读书的女人，往往是气质出众的，她们的眼界更开阔，心胸更宽广，为人处世也更有智慧。总之，孩子，妈妈希望你做一个有智慧的人，所以在此也希望你能真正地明白读大学的意义，并拥有更加精彩的人生。

那么什么样的女人才是智慧的呢？看了下面的故事你就明白了。

阿雪是个很有主见的女孩子，进入大学之后，她一直都知道根据自己的需要去选择课程，实用性强的课程她会去上，专业的课程她也会去上，在身边的人都在为约会或各种琐事而经常旷课的时候，阿雪却一直坚持着。当然，阿雪更知道，仅仅靠着在课堂上学习是远远不够的，所以每天她都会去图书馆学习专业的知识。除此之外，阿雪对社会热点和国际时事也比较关注，她经常会上网浏览新闻。除了这些，阿雪还会对一些和生活有关的插画、装饰、美工、烹饪之类的书籍进行简单的涉猎，因为美好的人生终归是要回归生活的。当然，阿雪每隔一段时间便会阅读一本质素较高的心理或者励志类的书籍，这样她的心态也随之越来越好。

后来大学毕业了，阿雪进了一家报社做编辑，她很快便发现，同事们之间表面和睦，其实竞争还是很厉害的，但是阿雪却能很洒脱地看待这件事，即便是对和自己竞争激烈的同事也能和平相处，因为她知道，同事针对的是事，而不是她这个人。说也奇怪，不久之后，大家都好像理解了她一样，没有人再和她对着干了。阿雪的好人缘引起了领导的注意，他觉得她是个很好的女孩子，便给她介绍了一个男朋友，男友出身高干家庭，母亲是个极强势的人。但是阿雪一点儿都不怕，面对准婆婆，阿雪总能从容应对，就算是出了纰漏，也会报以歉意的一笑。后来这个强势的准婆婆终于还是点头让阿雪和她的儿子结婚了。婚后阿雪和婆婆同住，但是她总是能与她和睦相处。后来有一位同学来访，正好阿雪的婆婆抱怨阿雪没把孩子的衣服晾出去，阿雪却只是应着，一句话也不说。同学很替阿雪生气，阿雪却说，婆婆本来就是独立的个体，自己住的房子是婆婆买的，吃的饭是婆婆做的，孩子也是婆婆帮着带的，婆婆对自己这么好，数落几句又算得了什么呢？再说长辈数落晚辈，本就是理所当然的啊！她从来没觉得有什么不舒服。同学听了甚为佩服，对阿雪说自己今天学到了人生中重要的一课。

孩子，看到了吗？做一个智慧的女人是一件多么重要的事情啊！因为心中充满了智慧，不是你有多高的学历，也不是你的专业知识有多么丰富，而是在于你的气质、胸怀、看事物的角度以及行为举止。一个有智慧的女人，应该是个性独立而又不失温柔、性格豁达而又不失执着、心思缜密而又不失大度、举止优雅而又不失风情、珍爱自己而又兼爱他人。孩子，妈妈希望你将来也能成为这样的一个女孩。

教子小贴士

1. 告诉孩子读书的目的

面对社会上大学生"毕业即失业"的现实，孩子可能会觉得上学是一件没用的事情，进而产生厌学情绪。这时候妈妈要告诉孩子，上学的目的不应该仅仅是获得高学历，然后以此作为找到一份好工作的筹码。人读书，是为了增长见识，增加自己的修养，让自己成为一个有智慧的女人。

2. 告诉孩子什么样的女人是有智慧的

妈妈可以列举出生活中成功女性的例子来告诉孩子，一个有智慧的女人应该具有哪些品质，让孩子在成长的过程中注意学习哪些东西，孩子明白了之后，在以后的学习和生活中会有意无意地提升自己的修养和智慧。

13.

找准定位，开创美好未来

　　孩子，你曾告诉我你想成为一名医生，后来却又告诉我你想成为一名教师，而昨天，你竟然又告诉我你要经商！孩子，你是如此的反复，真的是把妈妈给弄糊涂了，你到底是想成为医生、教师，还是想成为一名商人？你听了我的疑问，竟然甩了两个大白眼给我，说道，妈妈，你真是太落伍了，现在不都讲究与时俱进嘛，我的理想也是跟着时代潮流走的啊！好吧，孩子，对于时代潮流的感触，或许你比我更灵敏，但是在有些事情上，是不能跟着潮流走的。一个女孩，想要在将来做一个有地位的女人，就要先对自己做一个准确的定位，而不是流行什么就做什么，妈妈接下来要和你说的，正是这个问题。

　　孩子，还记得妈妈曾和你讨论过大学生"毕业即失业"的问题吗？那时候你很困惑地说，妈妈，既然大学毕业就要失业，那么为什么还要去上大学呢？其实，有相当一部分大学生在大学毕业之后找不到工作只是暂时的现象，他们在沉寂一段之后往往可以爆发出来，走上心仪的工作岗位，但是还会有一些大学毕业生一直都找不到合适的工作，最后不得不满腹牢骚地去做一份完全不靠谱的工作。为什么有的人能够找到合适的工作而有的人则不能呢？我想，一个很重要的原因就是前者对自己有一个很好的定位。

有人说，世界上的叶子千千万万，但是绝对不会有两片是完全相同的。同样地，世界上的人有千千万万，但是绝对不会有两个人的个性是完全相同的。正因为如此，我们每个人的特长也是不尽相同的，就像刘翔擅长跨栏、李娜擅长打网球、姚明喜欢打篮球一样，他们各自都有自己擅长的运动方式，也正是靠着对自己特长的正确认知和定位，他们才能拥有成功的人生。孩子，你能想象姚明跨栏、李娜打篮球、刘翔打网球的情景吗？由此可见，一个人对自己有很好的定位是一件多么重要的事情啊！下面妈妈给你讲讲世界上最年轻的白手起家的亿万富豪的故事吧：

说起 Facebook，那可是当今国际上最热门的社交网站了，但是它的创始人马克·扎克伯格创办该网站时却只是一个 20 岁的年轻人！

说起马克·扎克伯格，那是一个我们难以置信的传奇人物，这个 2012 年荣登福布斯排行榜第八位的财富新贵，用他 260 亿美元的惊人财富数字向世界宣告了一个 28 岁青年的成功。

1984 年，马克·扎克伯格出生于美国纽约的一个犹太人家庭，童年的时候，这个小男孩看起来和别的孩子并没有什么不同，但是他在计算机上的天分在 12 岁的时候就体现出来了。他的父亲那时已经看出了他在计算机专业上的天分，为了培养他的兴趣，还专门为他请了一位软件教师，而就在那一年，马克·扎克伯格搭建了一个家庭网络。读高中之后，马克·扎克伯格为他当时的学校设计出了一款人工智能的音乐播放器。他出色的计算机才华很快引起了当时软件业巨头微软公司的注意，比尔·盖茨向这个电脑神童发出邀请，请他加入微软。要知道，当时的微软可是世界上最大、最强、待遇最好的 IT 公司，一个十几岁的小孩子，居然被邀请进微软，这在许多人眼里都是一件好像天上掉馅饼的好事。但是出乎所有人意料的是，马克·扎克伯格居然拒绝了，他知道自己的个性闲散，根本不适合在管理严格的大公司里工作，所以他对自己的定位一直都是"一个准 IT 创业者"，而不仅仅是一个"IT 从业人员"。既然确定了要从事 IT 工作，马克·扎克伯格便决定去世界上最好的大学学习计算机。经过一系列的考察，马克·扎克伯格进入了哈佛大学的计算机专业。

2003 年，19 岁的马克·扎克伯格喜欢上了搜集，他的手里有好几本名为"脸书"（也就是 Facebook）的书，里面整齐地排列着每位学生的名字和照片。有时候他看着这些照片，一张一张地翻，试图给这些照片上的人排排名次，当然，当时排名次的标准很简单——按照相貌漂亮程度来排列。但是马克·扎克伯格排来排去，连自己都糊涂了，他也不能确定哪个最漂亮。这怎么办呢？他决定听听大家的意见。于是在这一年，他创建了一个名为 Facemash 的网站，然后摆上"脸书"里的照片，让大家从中挑选出最漂亮的一个。这个网站很快在校园里流行起来，很多人都来参加评选，但是仅仅在两天之后，这个网站就被关闭了，理由很简单，登录的人数太多，哈佛的服务器承受不了了。但是马克·扎克伯格之后一直被同学们要求重新创建一个包含照片与交往细节的校内网站。马克·扎克伯格被同学们的话所鼓舞，他找到高中时期的好友亚当·德安杰罗，把自己的想法告诉了他，结果德安杰罗颇为赞同，并表示愿意帮助马克·扎克伯格来创建网站。经过一番筹谋，2004 年 2 月，Facebook 正式上线，刚开始注册对象为哈佛大学的学生，后来这个范围逐渐扩大到波士顿大学、麻省理工学院、罗切斯特大学、纽约大学、斯坦福大学和哥伦比亚大学等众多学校，之后又进一步扩大到全美国。

2004 年 6 月，仅仅成立三个月的 Facebook 的注册用户已经达到了 100 万。为了更好地运营网站，马克·扎克伯格将公司搬到了硅谷，退学专心做起了网站。再后来，Facebook 经过发展，成了全世界最为风靡的社交网络，而马克·扎克伯格也成了福布斯财富榜上排名前十的财富新贵。

马克·扎克伯格为什么可以在短短的时间内获得成功？其中一个很重要的因素就是他一直知道自己的优势在哪里，也一直知道自己想要的是什么，所以马克·扎克伯格走出了自己一直想走的路，在年纪轻轻时就获得了大多数人一生都不可能获得的成功。

孩子，既然你现在还不知道自己擅长的是什么，也不知道现在自己最想要的是什么，那么你又怎么可能给自己做出一个准确的定位，又怎么能够让自己以后的人生更精彩呢？孩子，不要让外界的言论影响你判断思考的能力，静下心来想明白自己真正擅长的是什么，想明白自己要走的路，这样你那经过定位的人生才能是一条康庄大道。

教子小贴士

1. 告诉孩子定位很重要

针对当今社会上大学生找工作难的情况，妈妈要告诉孩子，只有那些能够为自己做出准确定位的人才能在将来更成功、更有社会地位。

2. 告诉孩子如何为自己定位

妈妈要告诉孩子，给自己定位要根据自己的优势，自己最擅长什么、最喜欢什么、希望以后走怎样的路……做好了规划和定位之后，人生才能向着固定的方向走。为了更有说服力，妈妈可以举一个有震撼性的例子加以佐证，让孩子更能明白为自己定位的重要性。

14.

自豪于自己孕育生命的职责

　　女儿，那天我带你去医院，迎面走来一个孕妇，大大的肚子凸出来，你就一直盯着她瞧，直到那个孕妇走进病房。妈妈，好可怕！你说，那么大的肚子，一定很难受！唉，要是做女人不要怀孕生孩子就好了……孩子，听了你的话，我并没有觉得有什么不快或者不满，因为我在没有结婚之前，也曾有过这样的念头，和你一样，我觉得生育实在是一件很可怕的事情，尤其是看到一个胎儿在肚子中发育的图文说明之后，妈妈就对图片中那个头大身子小、好像蝌蚪的胎儿产生了惧怕的心理，妈妈那时候甚至下了决心以后都不生孩子。但是孩子，在妈妈结婚之后，关于怀孕生子的想法就发生了很大的逆转，下面妈妈就和你说说孕育生命的事情。

　　孩子，身为女人，在许多男人包括女人自己看来，都是一件不容易的事情。相对男人而言，这个社会对女人的要求更为严苛，女人要做家务，要工作，要注意名声，最要命的还是生孩子……对于妈妈来说，在未结婚之前，生孩子简直是一件恐怖的事情，只要一想起自己平坦的小腹里要住上这么一个小婴儿，就觉得很可怕，还有随着时间慢慢推移而渐渐隆起来的肚子，更是让人觉得难受，那恐怕连呼吸都很困难吧！的确，怀孕对女人而言是一件很辛苦的事情。尤其是在临产前，挺着大肚子的孕妇往往都不能躺着睡觉，必须侧身去睡。更让人心神不宁的是，准妈妈们都要为宝宝何时降生而心怀忐忑，她们的精神总是高度紧张，时刻注意身体的变化，有点儿不舒服就要往医院跑。没错，你在妈妈肚子里的时候，妈妈也是挺紧张的。刚开始怀孕的时候，整天整天地呕吐，什么东西都吃不进去，刷牙的时候都不能挤牙膏，因为任何刺激性的气味都有可能会加重呕吐。三个月过去，妈妈没那么难受了，那时候妈妈经常坐在阳台上晒太阳，放着舒缓的乐曲给你听，有时候还摸着肚子同你说话。五个月，妈妈的肚子就鼓起来了，有时候感受到你在里面活动，妈妈的心中便会充满惊喜。是啊，你是妈妈的小宝贝，是爸爸妈妈爱情的结晶，带着我们的血脉来到这个世界上，这是一件多么神奇的事情啊！六个月，妈妈的肚子又大了一圈，但是妈妈依然可以健步如飞，骑着助力车在街上驰骋，当然，是在人少的地方，妈妈也担心一不小心和他人发生碰撞伤了你。这时候姥姥总是批评妈妈："都是要当妈的人了，怎么还一点老实样都没有！"但是妈妈总是嘻嘻笑着打个哈哈就过去了。七个月，妈妈的肚子看上去就像一个小皮球了，以前的衣服裤子全部都不能穿了，妈妈不得不穿上肥肥胖胖的孕妇装和几乎能装下一头大象的孕妇裤。但是妈妈的脸色却越来越好了，红扑扑的，别人见了都说，一定是个女儿，因为只有怀着女儿的妈妈才能这么漂亮。妈妈听了也很高兴，因为妈妈一直都希望有一个粉雕玉琢的可爱女儿，如果真是女儿，那就太好了，俗话说，女儿是妈妈的贴心小棉袄嘛！八个月，妈妈的肚子像个被完全吹起来的大篮球，紧绷绷的肚子好像随时会裂开一样，妈妈的肚子上开始长一种叫作"妊娠纹"的东西，不好看，但却是你给妈妈的纪念品。这时候你也变得更有力气了，有时候妈妈在床上睡觉，你小脚丫使劲一蹬，就能把妈妈从睡梦里唤醒。爸爸也对你的到来充满了期待，他经常把脑袋贴在妈妈的肚子上听你的声音，有的时候你在睡觉，对他不理不睬的，但是有时候却伸着小脚丫使劲儿踹，爸爸每次都会欢喜得叫出来："宝宝的力气好大啊！把我的脸都蹬痛了呢！"说实话，妈妈那时候真的感觉太幸福了。是啊，还有什么比一个充满活力的新生命更能让人欢喜呢？九个月，妈妈开始紧张地准备待产包，好随时等待你的降临。时间终于到了，妈妈带着包袱进了医院，经过一天的奋战，妈妈使出了浑身解数，就听见你"哇"的一声哭出来，妈妈顿时松了口气，终于看到你平安地出世了，妈妈太高兴了。妈妈是如此地高兴，以至于在你出生之后并没有立刻睡去，妈妈开始想象你的模样，想象你将来的样子，想象一切和你有关的美好事情。其实，从怀孕到你出生，整个孕期除了前面三个月的呕吐和最后一天的奋战之外，妈妈都是觉得很幸福、很满足也很自豪，因为有你。

那时候，隔壁邻居家吕阿姨每次看到妈妈眼神都有些伤感，有时候还躲着妈妈走。有一次，妈妈实在抵不过好奇，问姥姥为什么小吕看见我总是一副不高兴的表情。姥姥说，因为小吕不能生育，这些年她去了很多大医院治疗，可是肚子却没有一点儿动静，小吕阿姨特别失望，所以她每次看到那些挺着大肚子的妈妈就觉得既羡慕又伤感。孩子，看到了吗？如果一个女人不能生育，那真的是一件很遗憾的事情啊！那种遗憾，可能是一生都没办法释怀的。

孩子，看到这里，你还为女人要孕育孩子而苦恼吗？

教子小贴士

1. 告诉孩子孕育孩子并不可怕

我们在街上经常会看到一些孕妇，孩子看着孕妇不但没了完美身形，还要辛苦地挺着肚子的时候，可能会很害怕自己有一天也会变成那个样子。这时候妈妈要告诉孩子，怀孕生子有时候并不是那么可怕的事情，相反，这个过程对女人和全家人来说都是很幸福的。

2. 把孕育孩子的过程讲给孩子听

没有什么比身边的实例更具有说服力，妈妈让孩子打消孕育恐惧最好的办法就是把孕育孩子的过程讲给她听，孩子听了美好的孕育过程，不但不会再害怕，还可能更深一步地理解妈妈对自己的爱。

15.

女儿生来就是父母的贴心小·棉袄

电视上正在播放一个女孩出嫁的故事，你盯着屏幕上女孩和母亲泪眼话别的镜头，忍不住眼眶也跟着一红，眼泪就落了下来。电视剧告一段落之后，你扑倒在妈妈的怀里，娇憨地说，妈妈，我这辈子都不嫁人，永远陪着你和爸爸好不好？我听了真觉得开心极了，人说女儿生来就是爸爸妈妈的小棉袄，果真是如此啊。孩子，妈妈当然知道你这辈子肯定要嫁人，但是能够从你的口中听到这样的一句话，爸爸妈妈就觉得很幸福了。

孩子，其实在你来到这个世界上之前，妈妈就做过一个这样的梦：一个小小的天使趴在我的膝头，喊我妈妈。梦醒之后，我心中的幸福和甜蜜几乎要溢出来了。孩子，你知道吗？妈妈内心里是多么渴望能有一个贴心的女儿啊！所以你的降临真的让我有种如愿以偿的感觉。当然，在你出生之后到一岁的这段时间里，完全就是一个"小麻烦"，妈妈也不再是那个爱干净的妈妈了，每天要清理你撒尿拉便便的战场，要给你洗尿布，要给你冲牛奶，还要哄你睡觉陪你玩耍。总之，那时候的妈妈就成了一个无所不能、无所不干的"百变金刚"。渐渐地，你长大了，会走路了，会在妈妈的怀里撒娇了，会帮妈妈捶背了，会帮爸爸递拖鞋了……现在的你，已经出落成了一个亭亭玉立的小美女，妈妈只要看着你，心中便会涌起一股幸福和满足感。孩子，在妈妈的生命里，有什么比你更重要的呢？

但是，孩子，你长大之后的表现却让我心中有一种失落的感觉。说实话，妈妈是很希望你是个聪明又乖巧的女孩子的，在很多时候，我们并不希望能从你那里得到什么回报，只要你幸福开心，我们一家人欢欢乐乐在一起便好。可是你接下来的所作所为却好像是在妈妈的心里挖了一个大洞。

孩子，还记得那天我和爸爸带着你一起去逛街吗？你看中了一件粉色的连衣裙，没错，穿在你的身上的确很漂亮，你怎么也不肯脱下来。可是那件衣服很昂贵，爸爸的身上没有足够的钱，信用卡也已经透支了。你听到我们不能为你买下那条裙子，气呼呼地脱掉衣服扭头就走，一边走一边说我们太让你失望了。孩子，虽然我们不曾说什么，但是在内心里，那种痛苦和伤心真的是让我整整一个星期都难过不已。这个世界上能够伤害我们的，不是敌人，而恰恰是我们最宝贝、最宠爱的你啊！你回到家，和我们赌气，直到爸爸带足了钱把你喜欢的那件裙子买回来，你才重新展露出了笑脸。说实话，我们一点儿都不高兴，我们辛辛苦苦养育了你十几年，视若心肝宝贝一样地呵护着你，给你做饭，供你读书上学，尽全力给你营造最舒适的环境，但是没想到你回报给我们的，竟然是这样的不谅解。

孩子，妈妈明白，身为一个女孩儿，你有自己的苦恼，也有自己的追求。但是不管怎样，妈妈都希望你是个懂事的、贴心的孩子，你可以没有钱、没有能力孝敬我们，但是只要你幸福，我们什么都可以不要，这恐怕也是全天下做母亲的共同心愿吧！

当然，妈妈在这里说件令我和爸爸伤心的事，并不是想声讨你，而是想让你知道，你在爸爸妈妈的心目中地位是多么的重要，你的一句话就可能会让我们跌入地狱，同样地，你的一句话也可以让我们如在天堂。

记得前些年爸爸开车载我一起回老家，那时候你在寄宿学校，所以并没有跟在我们的身边，也幸好你没有跟在我们身边。爸爸开车路过一段正在维修的路时，发生了车祸，和一辆车追尾了。我们都受了点儿伤，幸好不重，在医院里观察了一夜，医生确认没事之后便准备让我们离开了。就在这时，你来了。看到我们完完整整地站在你的面前，你竟然"哇"的一声抱着我哭了起来，一边哭一边还不停地抱怨，说为什么不早点告诉你，你好害怕会失去我们。然后还让我和爸爸重新坐好，找医生问了具体的情况，又仔细看了我和爸爸的病情之后才和我们一起走了。在接下来的一个星期里，你每天都要打电话问我和爸爸的状况，叮嘱我们要好好休息，有什么状况要打120。孩子，你知道吗？那段时间我真的觉得太幸福了，当时妈妈心中就想，这一生中，能有你这样一个知冷知热的小棉袄是一件多么幸运的事情啊！

孩子，妈妈说了这么多，归纳为一句话，那就是女儿生来就是父母的贴心小棉袄。妈妈养育你这么大，对你没有别的要求，唯一的一条就是：尽到你小棉袄的责任，有空多陪爸爸妈妈说说话，我们一家人和和睦睦地生活在一起。

教子小贴士

1. 告诉孩子她对爸妈很重要

女孩大多是感情细腻且敏感的，这时候妈妈要告诉孩子，爸爸妈妈是多么地喜欢她，为了她的成长做了什么，又牺牲了什么，让孩子明白自己在父母的心中有多么重要。

2. 以身作则，给孩子营造良好的成长环境

一个在父母和睦家庭中成长起来的女孩儿往往会更加乐观和自信，对生活充满热爱，对未来充满憧憬。相反地，一个生活在父母争吵不断的家庭中的孩子往往很脆弱、消极、冷淡。所以爸爸妈妈要努力为女儿做一个好的榜样，在家的时候不要争吵，即便是有争执，也不要在孩子的面前发作出来。

3. 告诉孩子她该怎样做

妈妈可以举出一些生活中的小例子从正反两面来告诉孩子该怎样做才能让父母更开心、让家庭更和睦。孩子明白了之后，便会在生活中表现出来，因为女儿与父母血脉相通、情意相连，所以她们自然是希望父母开心起来。为了让父母开心，她们当然愿意做一些改变。

16.

做个让别人记住你的气质女孩

　　孩子，今天你从学校回来，脸上的表情很凝重，我问你是怎么了，你先是叹了一口气，然后很郁闷地说，妈妈，为什么在开学一个月之后，老师竟然还记不住我的名字呢？你说是不是我这个人太没有特色了？还是老师太不负责任了？我听了你的话，为你敢于质疑老师而高兴，同时，你的问题也让我一时之间不知道该怎么回答。后来我仔细想了想，心里渐渐有了些想法，于是就在今天，妈妈决定和你探讨一下这个困扰你也曾困扰着妈妈的问题。

　　孩子，还记得你看到奥黛丽·赫本的时候曾经跟妈妈说过的话吗？那时候你说，妈妈这个女孩好漂亮啊！我觉得有点儿奇怪，你很少会称赞一个女明星的，因为你曾跟我说过，那些女明星虽然看样子不错，但是总让人觉得好像缺了点儿什么。现在我仔细想想，奥黛丽·赫本之所以能给你留下美好的印象，一方面是因为她长得很有特点，另一方面也是因为她除了漂亮之外，身上还有一种很美好的气质，那种气质就好像一阵淡淡的幽香，迷人却并不浓郁，让人不知不觉被她吸引，进而沉醉其中；或者说奥黛丽·赫本像是中国人最常喝的茶，淡然清香，回味悠长，愈久愈有味道。她的美，很显然不是纯粹出于天然的因素，我想，更多地，是来自于她的所作所为以及由内而外散发出来的气质。奥黛丽·赫本出现的时候总是微笑着的，那种笑容，不是牵扯一下嘴角就能表现出来的，而是能够让人感受到那种愉悦是发自内心的。这世界上的美人如此多，为什么偏偏只有奥黛丽·赫本能够穿越历史长河至今被人们视为高贵优雅的代表呢？其实，我觉得，这和她的善良与爱心是不可分割的。奥黛丽·赫本在成名之后，经常收到电影邀约，而她原本也可以通过拍摄大量的影片去赚取更多的钱、更显赫的名声。但是她却没有那么做，她将大量的时间和精力放在了救助难民上。或许她觉得电影圈里少了一个奥黛丽·赫本实在不算什么，自然会有接踵而至的漂亮女孩延续她的辉煌，但是这世界上生活在灾难中的劳苦大众却更需要一个有影响力的明星去帮助他们奔走呼吁，让全世界的人们都留意进而关注这些弱势群体，而奥黛丽·赫本恰好可以做到，于是她便做了。我们常说，一个人前半生的容貌是天生的，而后半生的容貌却是自身修养得到的。岁月往往会将一副最美丽优雅的容颜给予一个内心充满了爱又不吝于回报社会的女子，于是我们就看到了一个优雅到老的奥黛丽·赫本。孩子，如果你也想做一个被别人记住的人，那就像奥黛丽·赫本一样，心怀怜悯，以宽容的眼光看人，多多奉献自己的爱心，这样你会越来越美，也会越来越快乐。那种美和快乐都是发自内心的，而随着时间的推移，你也会成为一个让人看上一眼便会被记住的人。相反地，如果一个女孩子没有爱心，那么即便她有再出众的容貌，也会被岁月的刻刀无情地划去。看看下面的例子或许你会有更好的理解。

孩子，我曾经见过一个叫湘莲的女孩子，她五官精巧迷人，几乎可以称得上一看就能喜欢上的类型，所以在年轻的时候，这个女孩的辨识度很高，身边围着许许多多各色各样的小伙子。但是湘莲性格很乖张，加上身为众人心目中的宠儿，她乖张任性的性情愈发地被激发出来。她总是毫不留情地奚落某个追求她的小伙子，如果有人胆敢得罪她，她就会找来一群男生对对方实施报复，所以很多人对湘莲都是敢怒不敢言，但是湘莲的人生从大学毕业之后开始被改写了。靠着出众的容貌，湘莲找到了一份好工作，也嫁给了一个有钱的好老公，过起了让许多人都羡慕的幸福生活，但是湘莲却一点儿都感觉不到幸福。她总是对别人索求无度却不肯为他人付出丝毫，结果可想而知，大家渐渐地都对她敬而远之，湘莲的日子天天都过得很郁闷。湘莲的婆婆是个很好的女人，她每天辛辛苦苦地操持整个家，还帮助湘莲带孩子，但是湘莲一点儿都不感激，她觉得这是婆婆本来就应该做的，而且婆婆有什么事情没有做到的，湘莲还会对她大呼小叫。后来连湘莲的老公都受不了她，和她办理了离婚手续。离了婚的湘莲依旧不改其蛮横本色，所以她接下来的两次婚姻又遭遇了失败。这时候湘莲已经四十多岁了，她早已变成了一个世俗又蛮横的中年妇女，脸上总是戾气横生，再没有人肯接近她。

孩子，看到了吗？一个女人的模样其实是来源于她本人的性情、气质和修为的。这个世界上有太多的女人，你并不是最出众的一个，所以别人记不住你也的确是情有可原的。但是，孩子，既然你立志要成为一个让人记住的人，那就努力丰富自己的知识，增加自己的修为，做一个有爱心的女孩。如果你做到了，那么你也会成为一个像奥黛丽·赫本那样浑身充满魅力、让人看一眼便再难忘掉的女人。

当然，一个容易被人记住的人还是一个有个性的人，努力发掘你的个性，卓尔不群，从每一件有利于他人的小事做起，调整自己，净化灵魂，提升素质，总有一天你会成为一个被别人记起的人，你的辨识度也会随之大大提高。孩子，妈妈说了这么多，就是想要告诉你，你来到这个世界上，就是为了能够拥有一个精彩的人生，给自己也给别人一个最美好的回忆。所以，请你尽全力完成你的任务吧！

教子小贴士

1. 告诉孩子什么样的人才能让人记住

当孩子出现不被熟人认识的尴尬状况时，可能心里会很不高兴，这时候妈妈要告诉孩子，一个人不被别人认识，可能是对方事情太多、记性不好，也可能是因为自己辨识度不够，太过平凡。所以想要被人记住，就要多发掘自己的个性，做个有爱心的女人。

2. 告诉孩子为什么有爱心的女人会特别美

　　妈妈告诉孩子爱心会让人变美丽之后，孩子可能会有疑问，是不是没有爱心的人就会很丑啊？这时候妈妈要通过名人的例子告诉孩子，一个有爱心的女人会由内而外散发出一种吸引别人的气质，比如奥黛丽·赫本，比如居里夫人，她们被别人记住，除了美貌之外，还有她们的爱心和为人类做出的贡献。或者妈妈也可以通过现实生活中的例子告诉孩子，一个很美丽的女人如果品格低下，那么上天也会将她们的美貌夺去。

第三章
成为一个不依赖他人的女孩

手心向上的人永远也把握不了自己的命运，或许妈妈不应该为你过多描绘世界有多么现实，或许我应该尽可能地让你在童话王国里再多待一会儿，但强烈的责任感告诉我，我必须要让你成为一个不依赖他人的女孩。因为只有这样，你才能在未来更好地生活下去。

17.

世界上没有免费的午餐

今天你沾沾自喜地告诉我，邻桌一个男生送了一条项链给你，那是你一直想要的。不用花钱就能得到一条项链，这件事要是天天都能遇到就好了。我想，你的欢喜或许真的是因为那条项链，但是我更相信你的这份快乐更有可能是源于占人小便宜的心理。今天，妈妈要和你说的就是作为女孩子的一项重要行为准则：不要占别人的小便宜。

孩子，你渐渐长大，越来越迷人，妈妈相信随着时间的推进，一定会有一些男孩子通过请你吃饭、邀你唱 K、送你礼物来获得你的好感并换取进一步交往的机会。孩子，如果你对那个对你表示好感的男孩子没有感觉，那就坚定地拒绝他吧！

如果对方邀请你共进晚餐，尽可能地拒绝他。不要因为真的想大吃一顿就答应别人的要求，这样会让人误会与你有进一步发展的可能。如果真的盛情难却，你就大大方方地去吧，像和朋友在一起一样，从容优雅地吃上一顿，然后千万别忘了买单。不要认为男人请女人吃饭是理所当然的事情，那是已经过时了的习俗。

根据一项心理调查，80%以上的男人都不愿意为妻子和女友之外的女人买单，他们之所以在与异性朋友吃饭后选择买单，完全是出于礼貌。当然，如果这位异性朋友真的让他去买单，那么这个男人心里一定很不舒服，尤其是在你吃了对方的饭却又不肯答应与对方交往的时候。

许多男孩喜欢在情人节的时候通过送女孩玫瑰花或者小礼物来表达好感，如果你也遇到了这种情况，孩子，请一定要委婉地拒绝。如果对方执意要把花送给你，你一定要记得把买花的钱还给他并表示感谢，或者告诉他自己已经有了心仪的对象。不要轻易接受别人的馈赠，如果你那样做了，对方就会误会。拿人手短，吃人嘴软，以后你可能会因为这种心理而与不合适的人在一起，这将是一件十分令人遗憾甚至可能让你后悔终身的事情。孩子，请记住，无论到什么时候，你只能接受你喜欢的异性送给你的礼物，当然生日礼物除外。当别人送了礼物给你，请记住一定要还礼给别人，这是基本的礼仪。

如果有男孩请你一起去郊游、看电影或者唱K，而你对这个男孩没有好感，那就果断地拒绝吧。除非有一大帮人一同前往，否则男孩子很容易在激动的时候向你表白，甚至发生一些你不能控制的事情。所以，孩子，如果你对邀请你的男孩没有好感，就不要给他任何机会，这样你才能和对方维持良好的关系。

或许在你看来，妈妈说的这些东西有些老套，但是，无论在任何年代，男孩子通过各种方式向喜欢的女孩示好也是一个普遍的规律。所以孩子，妈妈告诉你的，绝对不是一些过时、没用的东西，而是妈妈从自己身边和传媒上许多女孩的身上总结到的一些经验。

孩子，在这个世界上有各色各样的人，有的人光明磊落，但是也有一些人是人品特别低下的，他们在付出之后没有收获的时候就会产生报复心理，不惜残害心仪的女孩。所以孩子，为了你的安全和名声，千万不要因为贪图对方的礼物或者一时的心软就同对方交往，世界上没有免费的午餐，爱占人小便宜的女孩一定会吃大亏的。

教子小贴士

1. 告诉孩子不要轻易接受别人的礼物

女孩渐渐长大，难免会遇到异性追求，而男孩子追求一个女孩最常用的方法就是送礼物或者送花束给她。如果自己的孩子也遇到这种情况，妈妈一定要告诉孩子，千万不要随便接受男孩的礼物，如果她对这个男孩子没有好感，就直接拒绝他，不要给男孩任何幻想，这也是让自己躲开麻烦的机会。

2. 将为什么不能随便接受对方礼物或者馈赠的原因告诉孩子

大多数的孩子社会阅历不足，对人情世故知道的并不多，所以，妈妈一定要告诉孩子，别人买礼物送给她一定是有目的的，如果孩子随便接受了别人的礼物，那么对方就会以为他可以提更进一步的要求了。如果孩子表示自己可以馈赠同等价值的礼物给对方，妈妈也要予以否决，礼尚往来没错，但是对象不应该是那个对她有所企图的人。当然，生日礼物除外。如果这样说孩子不能理解，妈妈可以举个例子加以佐证。

3. 引导孩子养成不占人便宜的好习惯

很多女孩子因为天生丽质，身边从来不缺少追求者，送礼物给她的人也不在少数，在这种环境的影响下，孩子可能会产生一种"想要什么就可以有什么"的想法，对孩子以后的生活会很不利。妈妈一旦发现孩子出现这种苗头，就应该及时予以纠正，杜绝孩子接受任何人的礼物、拿别人的东西、答应别人的邀约，这是十分重要的。

18.

像个人一样站在那儿，别人才能看到你

孩子，那天你回到家，一副哀伤的样子，眼眶红红的，虽然你什么也没说，但是妈妈知道你一定是遇到了不开心的事情。看见妈妈，你扑过来，眼泪又跟着潸潸而下。当你哭着把事情原委告诉妈妈的时候，我忍不住暗暗叹息，孩子，就是这么一点点的挫折，你就好像碰到了世界末日一样。今天，妈妈就要和你说说如何面对挫折和失败的问题。

孩子，现在的你年纪还小，父慈母爱，生活乐悠悠，好像生活在蜜罐中一样，所以很少经历挫折和失败。但是从你走进学校开始，你就必须面对竞争，你想要有更好的成绩，想要有更出色的表现，想要成为老师心目中的宠儿，想要成为同学们中间的领袖……因为你想要让自己在家庭中受到的宠爱延续下去。当然，这并没有错，追求上进的人是永远值得肯定的。但是，孩子，你应该知道，当一个人决定要力争上游的时候，必然会面对许多挫折，因为这个世界上有太多的竞争者，也有太多对你不利的因素。当你决定了要出色不平庸的时候，你就必然要做好接受打击的准备。

或许你曾经设想过无数次挫折来临时自己应有的状态，但是当它真的来了的时候你却发现，说和做其实是两码事。如果你遇到了挫折，你可能会感受到前所未有的挫败感，甚至感觉前途一片灰暗，你是如此地委屈难过，以至于完全没有力气再次爬起来，任凭你的对手尽情地嘲笑。孩子，如果你这样做了，那么妈妈会更加难过。这种难过，不是源于你的失败，而是源于你面对失败的态度。下面举个事例来说明这一点。

她的命很苦，两岁的时候，爸爸去世了，妈妈含辛茹苦终于把她带大，为了让她过上好的生活，每天辛辛苦苦地做两份工作。她也很争气，考上了本地最有名的大学，并在毕业后找到了一个很不错的工作。很快她恋爱了，她感觉到了前所未有的幸福，男朋友长得很帅，事业有成，大家都说她命好，苦尽甘来了。妈妈也很为她骄傲，筹集了一笔钱准备给她做嫁妆。他们的婚事很快提上了日程，但是很不幸的是，在她结婚前，这个出色的男朋友在一场车祸中去世了。男友去世的消息对她的打击是巨大的，女孩花了很长的时间才接受了这个事实，但是一旦别人提到结婚、男友、丈夫之类的话题，她就忍不住流下泪来。开始的时候大家都体谅她的苦，所以大家都安慰她，听她倾诉对男朋友的思念之情。有时候她心情差了不想上班，上司也会网开一面。但是一年过去了，女孩还是沉浸在悲痛中，总是一副愁眉苦脸的样子，上班也是三天打鱼，两天晒网。同事们都怕了她，没有什么人再和她说话，唯恐被她拉住说那段说了好多遍的悲痛往事，有时候大家议论她，言语也渐渐从同情可怜变成了鄙夷蔑视。上司也不愿意看到她，终于忍无可忍，炒了她的鱿鱼。女孩这下子更觉得自己成了世界上最悲惨的人，她每天窝在家里以泪洗面。家庭没了收入，妈妈不得不再次出门找工作，靠着给餐馆洗碗挣够两个人的饭钱。有时候，那些亲戚也会给女孩介绍个对象，但是对方看到女孩忧郁的样子，都没了感觉。当然，女孩出门找工作也进行得一点儿都不顺利，母女两个的日子越过越窘迫。终于有一天，妈妈也累病了。女孩看到病床上的妈妈那瘦削的脸庞与横生的白发时，才发觉原来母亲在这一年里好像老了十岁！她扑在母亲的怀里痛哭失声，发誓一定要站起来，让母亲过上好日子。就这样，女孩把和前男友有关的物件全部丢弃，变换心情重新找工作。很快她上班了，像不曾发生过什么事一样努力工作，她的成绩很快被大家看到了，那些原来的朋友又回来了。

孩子，虽然你现在还小，但是终究有一天你会明白，把快乐和别人分享、把悲伤留给自己的人才能有好人缘。人都是自我的，没有人希望听到你说那些不好的事情，他们更喜欢快乐的你，喜欢你带给他们的那些正能量。

孩子，当你遇到挫折，请不要哭泣，更不要期盼别人的安慰，勇敢地站起来吧！别给别人歧视你的机会，也别给别人欺负你的机会，那些敢于站起来的人才能获得别人的尊重，机会也更青睐那些勇者。所以，孩子，当你遇到挫折或失败，千万不要倒下来，擦干眼泪，抚平伤痛，像没有发生任何事情一样站在那儿，你会用坚强赢得一切，这也是你变得更加强大的前提条件。

教子小贴士

1. 告诉孩子，挫折是难免的

当孩子一天天长大，她必然会遇到挫折，在这个时候，妈妈一定要告诉孩子，这个世界上上至伟人下至普通百姓，每个人都会遇到挫折和失败，人都会在挫败中成长，所以挫败并不是一件坏事，尽管它让人感觉很糟糕。

2. 面对挫折要勇敢站起来

挫折和失败的感觉是难过的，小的时候成绩退步、被老师批评，长大了感情受创、工作不顺，这些事情都可能让人无法忍受。当孩子向母亲哭诉的时候，妈妈一定要告诉孩子，能帮到她的人只有她自己，一味地哭诉、悲伤解决不了任何问题。为了给孩子更多警示，妈妈也可通过一些事例告诉孩子直面挫折的重要性。

3. 告诉孩子要以更积极的态度看待挫折

在孩子明白对待挫折应有的态度之后，妈妈也要将为什么要立刻站起来的原因告诉孩子，没有人喜欢听你讲述自己的悲惨，一个勇于站起来的人往往能获得更多的尊重，在事业上和生活中也更能够收获成功。

19.

经济独立才能做人独立

孩子，随着青春期的到来，你会越来越清晰地认识到男女生之间的差别，对男女交往的事情也会越来越关注。生活中和电视电影上几乎每天都出现男孩追求女孩的事情，男性尤其是那些事业有成的男性往往会花钱送花送礼物给女性，然后女性很优雅地接受这一切，答应同男士交往，从此过上了幸福快乐的生活。孩子，面对这一切，你必须要有个清醒的认识，电视电影里的情节就让它们一直存在于影视中吧，你的生活还鲜活地摆在眼前，等待着你的，是现实。在现实中，还是花自己挣到的钱最踏实。

妈妈先问你一个问题：如果你辛辛苦苦挣到了100块钱，这也是你仅有的100块钱，你愿意把这笔钱拿出来买礼物送给一个你并不是很重视的人吗？我想，如果你经过深思熟虑的话，答案一定是否定的。即便你愿意，那么你也是抱着能从对方那里获得更多好处的目的而行动的。那么，当你付出了100块钱却没有收到你想要的效果时，你一定会十分懊恼，对这个拿了你的钱却不肯遂了你的愿的人也是恼恨交加。所以，孩子，无论什么人送钱或者送礼物给你，你都要拒绝，除了爸爸妈妈，他们给你好处都是从自己的利益角度出发。再说了，孩子，在你读书的时候爸爸妈妈供给你生活费，你工作了也可以凭借自己的本事挣钱，为什么要花别人的劳动成果呢？你曾信誓旦旦地说将来要如何如何成就一番事业，挣到钱让爸爸妈妈过上好日子等，难道这一切都是假的吗？所以，孩子，如果别人送了你一份生日礼物，那么等到他过生日的时候，你一定也要送还一份给他。千万不要花别人的钱，如果你做了，那么你付出的代价一定会比你得到的多。

"男主外，女主内"早已经是个过时的话题。所以，孩子，无论什么时候都不要指望着去花别人的钱，靠山山倒，靠人人跑，只有自己，才是你自己的靠山。当然，现在的你，可以从爸爸妈妈这里拿钱，这也是唯一可以无偿为你提供经济援助的人。但是，孩子，爸爸妈妈总有一天会老去，当我们没有能力供给你的时候，你就必须靠自己了。

从你自己的角度来说，花自己挣来的钱才是最舒服的。你仔细想想，你用自己的体力和脑力挣来的钱，想怎么花就怎么花，想花多少就花多少，只要是在自己的能力范围内，不需要征求任何人的意见，这样的感觉是不是很美妙？所以，孩子，请千万记住，在恋爱的时候，不要拿对方肯不肯为你花钱作为他是不是爱你的标准。花自己的钱，如果有一天你不喜欢他了，也可以理直气壮地和他分手，而不至于因为花对方的钱而愧疚以至于无法开口。即便是你将来结了婚，也要做个有经济实力的职场辣妈。这个话题好像说得有点远了，但是，孩子，不管怎样，你要记住，努力积累知识，拓展自己所长，并学着理财，将来你就可以心安理得地花自己的钱，开开心心，踏踏实实。

教子小贴士

1. 妈妈要引导孩子避免受到错误舆论的影响

面对当今舆论导向的不明确及不正确性，孩子很可能会出现价值观的迷失，认为女人接受男人的馈赠是理所当然的。这时候，妈妈就要做适当的引导，要告诉孩子，这种想法是不正确的，男人与女人都是平等的，花别人的钱就要听别人的摆布，做自己不喜欢做的事情，所以千万不要因为一点点钱而委屈了自己。

2. 告诉孩子不要把希望寄托在任何人身上

可能孩子会觉得花父母的钱、男朋友的钱、丈夫的钱是理所当然的，这时候妈妈要告诉孩子，男朋友有分手的可能，配偶也不可能支付你所有的花销，父母也总有一天老去不会再有经济能力。这样就可能会让孩子产生一种危机感，让她意识到只有自己才能靠得住，以后就不会出现花别人的钱以至于被人所控制的局面。

3. 告诉孩子要努力学本事

靠自己才是最稳妥的。妈妈要告诉孩子，在知识和技能积累的关键时期一定要努力。妈妈可以以身边的例子或者女强人的例子教育孩子，如果这里面有孩子认识的人，那么她就更能行动起来，努力学习。

20.

别人不会看你的柔弱，只会看你的价值

那天你回到家，全然没有了往日风风火火的做派，像一个害羞的小姑娘一般轻轻地坐下，吃了一点点饭就回房了。我觉得很不对劲，问你是怎么了，你回答说："我想做一个柔弱的女孩，不被人叫作'疯丫头'了！"原来那天你们班来了一个很柔弱的女孩，好多男生都想和她做朋友，想起自己一直被当作男孩一样对待，于是你就心理不平衡了，所以想要转换一下性格，希望自己能变得受欢迎一点。但是，孩子，今天妈妈想要和你说的，就是关于温柔的那点事儿。

孩子，你曾经拿着那本《红楼梦》问我，为什么贾宝玉最后和薛宝钗结婚而不是林黛玉呢？林黛玉柔弱又会作诗，多惹人怜爱啊！而且关键是贾宝玉真正爱的人是她啊！为什么贾府中的人明知道贾宝玉喜欢林黛玉却最终选择让薛宝钗和他结婚呢？孩子，今天妈妈就要认认真真地回答你这个问题。其一，薛宝钗懂得为人处世，她善于交际，有好人缘，有心计，这是把一个家庭管好的必要条件；其二，薛宝钗身体好，不像林黛玉一般动不动就生病，不但可以保证贾家子嗣的繁荣，做起事也有心有力；其三，贾宝玉小孩子脾气，他需要一个强势又宽容的女人帮助他……所以贾府选择了让薛宝钗嫁给贾宝玉而不是林黛玉。或许这个答案不能让你满意，但是，孩子，这就是现实。事实上，真实的生活往往比这个还要残酷，无论是老板选择员工还是男士选择配偶，首先看的就是对方的价值！

没错，柔弱的女人的确是令人怜爱的，她们以其女性化的魅力更容易让别人对其产生好感，所以在她们遇到一点困难的时候，别人在能力所及的范围之内也会乐于对她们提供帮助。但是孩子，你必须知道，在社会上，更多的人看重的不是柔弱，而是价值。如果对别人来说你有价值，那么他们才能看重你——这就是现实。

在职场中，老板选择员工往往会选择那些能够给他们带来价值的员工。而在择偶的过程中，大多数职场男性往往更愿意选择那些坚强、有能力的女性作为自己的伴侣。下面这个例子或许是个最好的说明。

雪心年轻的时候是个漂亮且惹人怜爱的女孩子，从小到大，她都生活在家人、同学和老师的呵护下，因为她看上去是那么的娇弱可人，真是我见犹怜。父母疼爱、师友呵护，雪心就是在这样的环境下一天天长大了。大学毕业，雪心开始找工作，但是每次当她以一副娇滴滴的柔弱模样出现的时候，几乎所有的用人单位给她的答复都是没有答复。雪心想不明白，为什么自己前半生都是顺顺利利的，怎么到了找工作的时候就这么不顺呢？更让她觉得挫败的是，一直对她呵护有加的男友竟然清清楚楚地向她提出了分手。在雪心的一再追问下，男友说："我爱你，我这一辈子都爱你，但是雪心你要明白，当你因一天天找不到工作而愁眉不展的时候，我的日子也不好过。工作的压力太大，我很想找个人排解，但是你连自己的问题都不能解决，怎么可能给我安慰呢？这段时间我公司的一个本地女孩一直在追求我，她聪慧、善解人意，帮了我不少大忙，和她在一起，我更有安全感，所以为了前程，我决定和你分开……"雪心泪眼朦胧地听完男友的话，知道事情已无挽回的余地，再多说也无益，便任凭他走。后来雪心找到了一份后勤的工作，不需要竞争，薪水不高，也不容易犯错，总算可以挣口饭吃。

孩子，看到了吗？柔弱的女孩的确可人，但是当你成年之后走上社会才会发现，真正能够家庭幸福、职场顺心的女性，还是那些坚强成熟、有能力、敢于直面生活、内心强大的女人！所以，孩子，千万不要再想着做一个柔弱的小女人，而要努力锻造自己，让自己成为一个能够给人带来价值的人！

教子小贴士

1. 告诉孩子柔弱女孩受欢迎只是暂时的

孩子慢慢长大，女性意识开始苏醒，随着外界条件和内心感知的变化，有很多女孩开始向柔弱的方向发展，这并没有什么不对，但是做妈妈的如果想让女儿以后有更好的未来和更强大的内心，就要告诉女儿，其实柔弱的人受欢迎也是暂时的，真正能让一个女孩在社会上立足的，还是源于她能够给人提供的价值。

2. 告诉孩子为什么柔弱女孩只是暂时受欢迎

妈妈要告诉女儿，柔弱的女孩之所以不吃香，是因为她们很难为他人创造出价值。因为柔弱，她们不能承受委屈；因为柔弱，身边的人要成为她们的依靠；因为柔弱，她们过不上好一点的生活；因为柔弱，她们不能做很多工作……总之，柔弱的女孩是要被照顾的。在讲究利益的社会，这样的女孩注定是不受欢迎的。为了给孩子带来更大的冲击力，妈妈可以通过一些事例来加强说服力。

3. 引导孩子要做有能力、内心强大的女孩

在孩子明白了不可以做柔弱女孩之后，妈妈还要及时引导孩子去积累知识、提升 EQ、健全人格，告诉她在这个社会上最受欢迎的女孩子就是那些有能力做好工作、懂得关心人、有好人缘的人，换句话来说，也就是能够给别人带来价值的人。孩子明白了其中的道理，便会在不经意的时候往这方面努力。

21.

想主宰自己的命运，就别渴求他人怜悯

那天你回来，一脸的闷闷不乐，经过我仔细盘问，你才说出了事情的原委。原来，在上体育课的时候你摔倒了，但是老师并没有看你一眼，同学们也各玩各的，没有人安慰你，也没有人扶你起来，因为他们的注意力都在比赛上。"我感觉糟糕透了！"你狠狠地说。孩子，我不知道你是出于什么原因而感觉如此糟糕，但是你必须知道，在这个世界上，你是为自己而活，别人的目光和行动不应该影响到你，你也不需要任何人的怜悯，妈妈接下来就要和你说说这个问题。

孩子，在这个世界上，每个人都会经历一些让人悲伤难过的事情，有些人甚至因为一些挫折和失败而再难以站起来。在这种情况下，人最需要的就是一些鼓舞，关键时刻有人伸一把手或者一声鼓励就可以温暖你的心窝。但是，孩子，你必须知道，这是一个忙碌的社会，每个人都有自己的事情要做。每个人关注自己的时间和精力远远超过对外界事物的关注，如果你总是渴望能从别人那里得到一些慰藉或者怜悯，那么，孩子，妈妈不得不遗憾地告诉你，你注定是要失望的。孩子，无论到什么时候你都要记住，你的事终究还是你自己的事情，你自己的命运也只能由自己来主宰，别人的怜悯或许会让你的精神得到一种释放，但是除了这些他们不能给你任何东西。所以，孩子，无论到什么时候你都要记住：如果一个人想要主宰自己的命运，那么无论到什么时候，都不要祈求别人的怜悯，不要渴求别人的帮助，你的人生应该由自己来承受，其他任何人都给不了你什么。

20 世纪 70 年代，一个名叫史蒂夫·巴里尔的人正在体育馆里练习蹦床，他希望能通过练习让自己在棒球比赛中表现得更加出色。但是恐怖的事情发生了，在从蹦床上进行后空翻的时候，他摔断了脖子。几乎所有的人都被当时的情形吓坏了。教练把史蒂夫·巴里尔搂在怀里，鼓励他，让他一定要等到救护车来，只要他坚持下去，就一定能活下去。史蒂夫·巴里尔像平时一样和他的教练要贫嘴："当您的脖子被摔断的时候，您还能活下去吗？"

终于，在几十分钟之后，史蒂夫·巴里尔进了医院，但是在经过漫长的治疗之后，史蒂夫·巴里尔并没有站起来，他瘫痪了，浑身上下只有头部能如常工作。但是史蒂夫·巴里尔并没有因此而绝望，在住院的一年时间里，他申请攻读约翰·卡罗尔大学心理学专业，并努力学习用嘴巴叼着笔写字。虽然他不能像正常人一样翻书、读书、写字，但是他却依然坚持了下去，这一坚持就是20 年。人们总是希望以各种方式向史蒂夫·巴里尔表达自己的同情，但是史蒂夫·巴里尔统统回绝了，他的人生，一定要自己走，不管怎样，他的命运都应该由他自己主宰。终于，在经历20个寒暑之后，史蒂夫·巴里尔完成了他的学业，又过了些年，他完成了博士课程，用自己的专业技能帮助一个个和他一样饱受病痛折磨的患者重新站起来。谈及自己过去的人生，史蒂夫·巴里尔很平淡地说，他喜欢自己所从事的一切，帮助所有绝望的人站起来让他感受了成功的喜悦。

一个人身体全都残疾了，还能做什么呢？从前喜欢的游戏也不能去玩了，从前的工作也不能再做了，外界的人全都认为他完了。但是史蒂夫·巴里尔并没有被打倒，因为他从来都是一个坚强的人，根本不会在乎外界的人对自己究竟抱着怎样的看法。在他的心目中，一直有一个声音在告诉自己，只要坚持下去，就有了重新走出阴霾的可能！所以无论在什么时候，他都没有被别人的言语所影响，因为他明白，别人并不能帮助自己什么，接下来的人生之路还是自己一个人来走。因此他从不祈求别人的怜悯，而是一直在按照自己之前所规划的人生来行走，最终创造出了常人所不可想象的奇迹。孩子，随着你年岁的慢慢增长，你的阅历也会慢慢增加，妈妈相信你一定也能明白，在这个世界上，真正能帮到你的人只有自己，渴求别人的怜悯除了会混淆你的视听，影响你的斗志之外，对你的未来并没有任何助益。一个成功的人，首先应该是一个有主见、有担当的人，这是成就事业的基础。所以，孩子，从今天开始，你就要学着做一个有自己思想并敢于去做的人，不要等待别人的怜悯与认可，做你自己，因为人生只有一次，你要在这有限的时间里去做自己想做的事。妈妈最后还要告诉你两句话：

不要把自己的伤痛随便告诉别人，这样你得到的只是一些廉价的同情怜悯，但是你失去的是一个在别人心中的形象，而且，如果你说出了自己的伤痛，那只会给别人再次伤害你的机会。

按照你设定的路线来走，即便跌倒了也要告诉自己这是一种必然，一路顺风只是一种祝愿，少许波折乃是一种必然。所以，在你跌倒的时候，重新站起来，告诉自己这是必然的，抚平伤痛继续前行才能得到自己想要的东西，这才是最明智的做法。不要让别人的怜悯来浪费你自己的时间。

教子小贴士

1. 告诉孩子在悲哀伤痛面前一定要勇敢地站起来

面对孩子总是需要别人的怜悯的心理，妈妈要告诉孩子，人在世界上生存，伤痛是难免的，挫折也是必然的，一个总是需要别人怜悯的人注定是要失望的。一个真正的勇士，要敢于直面悲痛，不祈求别人的怜悯，也不为别人的言语所动，做自己应该去做的事，这样才是最正确的做法。为了加强说服力，妈妈可以通过讲故事将这种观念潜移默化地传达给孩子。

2. 盲目地安慰只能让孩子失去勇气

妈妈可以在孩子失望、沮丧、悲伤的时候给予拥抱，可以帮助孩子分析自身原因，但是千万不要为了让孩子心里好过而把责任全部推在外界环境和别人的身上，这样才能给孩子留下深刻的印象。妈妈必须明白，盲目地安慰、怜悯只能让孩子失去勇气。

22.

要知道天下无不散之筵席

孩子，那天你回到家，神情颇为悲伤，两只眼睛红红的，很明显是哭过了，见你这么伤心，于是妈妈便上前询问原因，你哭哭啼啼地说："苏要转学了……她可是我最好的朋友，现在她要走了，妈妈，恐怕我以后再也遇不到那么好的朋友了……"听完你的倾诉，我的心中顿时释然。孩子，这个世界上，聚与散都是极平常的事情，我们要用正确而积极的态度来看待它，下面妈妈就和你说说这个问题。

孩子，你已经渐渐长大，与人离别的机会也越来越多。小的时候，每个工作日，你都要同爸爸妈妈告别，开始的时候你哭得跟个泪人一样，抱着爸爸妈妈的腿坚决不让我们走，那凄楚的哭声好像失去了全世界。但是，孩子，待时日稍过，你便接受了这个事实，以后爸爸妈妈上班，你还挥着小手同我们告别。三岁，你去了街口的幼儿园上课，但是你很不情愿离开家，也不肯让妈妈离开。于是在妈妈离开之后，你便撕心裂肺地哭，拉紧了学校的铁门无论怎么都不肯松手。孩子，但是过了几天，当你和幼儿园里的小朋友熟悉起来，你不但不再畏惧去幼儿园，甚至还会在周六周日的时候也吵着要去幼儿园玩耍呢！看看，当初你就是这样，为了一个小小的离别而哭得肝肠寸断，但是时间会让你渐渐习惯这些变化，离开了爸爸妈妈，你依然可以很开心地游戏、学习。所以，孩子，与最好朋友的分离也没有你想象的那么恐怖，还是那句话，时间会让你慢慢习惯她不在你身边的日子。

也许你会反驳，爸爸妈妈的离开只是暂时的，但是好朋友一旦离开，可能就是一生再无相见的可能。其实，孩子，你完全没有必要担心这些，没错，有的人可能是一生难以寻觅的知己，分开了你很难再寻觅到同样心意相通的朋友，但是，孩子，你必须明白，你的日子还是会继续。再说了，现如今通信手段如此发达，你们之间的友谊依然可以通过网络、电话、短信来维持。所以，朋友的离开，没有什么大不了的，离开了她，地球一样转，你一样可以很好地生活着。

孩子，你必须明白，与朋友的分离只是一个开始，在之后的人生中，你必然会面对更多的离别。在这个世界上，有些人可能是你生命的恒星，但是更多的人是你生命中的流星，刹那间从你的身边经过，不做或稍做停留，最终消失。再过些年，一定会有一个让你心动的男孩子对你表达他的好感，你忍不住接受了他的爱，你们恨不得每时每刻都待在一起，一起吃饭看电影，一起逛街大血拼，说着说不完的情话。在你的世界里，好像只有这么一个他，爸爸妈妈亲朋好友的光辉几乎全部淡去，若有人阻碍你与他相会，你一定会很生气很生气。说到这里，你一定会连连摇头，不可能，怎么可能会有人比爸爸妈妈更重要呢？孩子，请你不要急着反驳，时间会证明妈妈所说的一切，爱情的魔力只有身处其中的人才能体会。但是，就像人们常说的，恋爱中的人往往都会因为不成熟分开，妈妈自然希望你不会遇到这种情况，但是万一，你和他分手了，成了两个不相干的人，那种感觉可能会让你觉得十分痛苦，甚至会觉得自己再也无法生存下去。为了减少自己的痛苦，你放下身段不顾尊严地去哀求对方留下来，但是这样强求来的爱情会有滋味吗？不管怎样，我都认为如果你们之间的矛盾和分歧已经到了不可调和的地步，再去强求已然没有丝毫意义。还是那句话，不管你有多痛苦、多难过，时间会抚平你的伤痛。

还记得小姑姑以前那个胖乎乎的男朋友吗？他总是笑眯眯的，每次看到你都会忍不住把你抱起来举得高高的，你笑得开心极了，每次胖叔叔要走，你总是依依不舍地问他："叔叔你什么时候再来啊？"每次叔叔都会回答你下周。但是自从那一次小姑姑哭着跑回家整整一个星期没出门之后，那个胖叔叔再也没有出现过。那次你问我胖叔叔为什么这么长时间没来，我说胖叔叔的家里发生了一些事，他需要很久很久之后才能回来，其实我没有告诉你，小姑姑已经和胖叔叔分手了。那段时间小姑姑每天待在家里，一想起胖叔叔就哭，什么饭也吃不下，有一次还瞒着大家买来一瓶安眠药想要自杀，好在爷爷发现情况不对，赶紧把小姑姑送去了医院，小姑姑才没有生命危险。再后来呢？小姑姑好像想明白了一样，再也没有办过这种傻事，她把精力全都用在了工作上。再后来，她就结婚了，婚后一年还生了个白白胖胖的小宝宝。从那之后，小姑姑脸上的笑容越来越多，生活也越来越幸福。后来小姑姑说，幸亏当初她没有做傻事，不然就没有办法拥有现在这么幸福的生活了。

看到了吗，孩子？无论曾经多么深刻的感情，无论在分离的时候是多么的痛苦，时间都会让这些痛苦和感情慢慢转淡直至消失，也许在某日你会回想起那个曾经让你依依不舍的人，但是心中可能早已没有任何感觉。孩子，无论到什么时候你都应该明白，在这个世界上，地球每天都会自转，太阳每天都会升起，没有谁离不开谁，也没有谁跟谁永远不会分离。所以，孩子，无论什么人离开了你，你都要坚强、淡定，别过于难受。

教子小贴士

1. 告诉孩子离别是一种必然

随着时间的推移，孩子一定会越来越有机会面对分离，伤心难过是必然的。这时候，妈妈要通过一系列的成长案例告诉孩子，其实只要时间一长，我们就会习惯一个人不在我们身边。这是自然规律，所以，对待分离也应该多些理性。

2. 告诉孩子，将来她即将面对更多的分离

妈妈要告诉孩子，任何人的离开都不值得我们伤害自己，这个世界上最爱我们的人，还是我们自己，不要为任何人伤害自己，否则，将来带给我们的只有无尽的悔恨。无论是朋友、男友，还是爱人，任何人的离开都不能阻止我们爱自己。生活会继续下去，随着时光的流逝那些曾经在我们生命中最重要的人也会渐渐被遗忘。

23.

改变不了别人，那就改变自己

那天你回来，一脸愤愤然地告诉我，同桌洋洋真让人生气，总是喜欢趴在桌子上写作业，结果胳膊肘总是超过桌子上的平均线，跟他说过好多次了，不要过界、不要过界。他总是过界，我们几乎每个星期都要吵一次，今天还被老师叫到办公室批评了一顿，全都怪他……你的嘴巴好似打开了机关枪一般数落着同桌的不是。其实，孩子，在你试图改变别人的时候，有没有想过你其实是在用别人的错误来惩罚自己呢？为什么你不试试通过改变自己来让你好过一点呢？

孩子，随着时间的推移，必然会出现许多让你看不过眼的人，出于解决问题的需求或者一种善意，你可能会想别人要是怎样怎样就好了。看见别人不讲究卫生，你会想着让对方注意一点；看到对方不讲理，你潜意识会想如果对方能讲理就好了；看到对方没有公德心，你会想如果这个人能受到教育、有点公德心就好了；你向老师自荐做班长，但是老师却选择了另一个同学担任班长，这时候你会想，如果能改变老师的意愿，让老师同意你做班长就好了……总之，你每天都会遇到许多许多希望别人改变的事情，但是为人处世不是橡皮泥游戏，随手拿起一个泥团，根据自己的意愿随意捏圆搓扁，想要什么效果就有什么效果。在这个世界上，每个人都是有思想的，他们会根据自己的价值观和行为方式为人处世。一味地改变他人，那么你注定是自寻烦恼，大多数的人根本连别人善意的提醒都不愿意去听，更不要说被另一个人改造了。

退一步来说，你就确定你的观念和价值观一定正确，别人的就一定错误吗？还记得那次你和同学因为一个问题争执起来，你们各执一词，争得面红耳赤，你愤愤地说："他错了！而且错得很离谱，现在不听我的，明天他一定会被老师责罚……"可是结果你还记得吗？受到老师批评的人是你。每个人都觉得自己是正确的，但是在外人看来，可能会觉得他错得很离谱，你也是一样。所以，孩子，不要把自己的观念强加在别人身上，你不一定就是对的。

或许你的确是对的，就像你的同学总是侵占你的座位一样，他不应该那么做，但是在你百般劝说都没有作用的时候，那就不要试图去改变他了，就让他多占那么一点点地方又能怎样？孩子，人在世界上生存，有一个道理是必须要明白的，那就是——斤斤计较的人一定不会有好人缘，因为无论和什么样的人在一起，他总能与人产生矛盾和冲突。所以，孩子，如果你希望自己将来是一个受欢迎的人，那么从现在开始，放弃你的诸多要求，能容忍的地方就容忍他人，实在容忍不了又不能改变别人，那就适当地改变自己。下面，让妈妈给你讲一个故事吧，听完了，也许你会有所启发。

萌萌凡事都喜欢追求完美，对自己的丈夫要求尤其严格。丈夫很喜欢喝啤酒，这让身为营养师的萌萌觉得很难接受，喝啤酒除了能让肚子变得更大以及阻碍身体对钙质的吸收之外，真的一点好处都没有。所以她一定要求丈夫把啤酒断掉，但是一向温顺的丈夫这一次却提出了抗议：他已经按照萌萌的要求几乎戒断了所有的爱好，现如今唯一的爱好就是喝点啤酒了，却没想到就连这么一个小小的爱好也被妻子横加指责，这一次他无论如何都不会退却了。两个人谁也不能改变对方，最后他们只好选择了离婚。这件事给了萌萌巨大的打击，后来在朋友的开导下，萌萌的性格发生了翻天覆地的变化。她不再强求他人改变，在遇到自己看不顺眼的事情时，告诉自己要心胸宽广，适当地改变自己来迁就别人，所以她的人缘越来越好，上司闫姐马上就要升职到另一个部门了，临走的时候还向领导推荐了萌萌继任她的职位。

孩子，看到了吗？在萌萌试图改变别人的时候，她尝到了苦果，但是在她放弃了改变别人，放弃了抱怨，并让自己更加努力的时候，却达到了意想不到的效果。孩子，你在这个世界上，会遇到各种各样的人，他们可能会让你觉得不舒服，但是一个总想着改造别人的人除了会失去自己的好人缘之外，也是注定要失败的。所以，孩子，当你和别人发生纠葛的时候，当你的人缘不那么好的时候，不要总是把责任推在别人的身上，要仔细审视自己，是不是哪些地方做得不够好？还有哪些需要改进的地方？怎样做能让别人觉得舒服一点？想明白了这些，并适当地改变自己，你才能主宰人生、主宰自己。

教子小贴士

1. 告诉孩子人人都希望改变他人

如果妈妈发现孩子总是在抱怨别人，发生了矛盾也喜欢把责任推到别人的身上，那么妈妈就要告诉孩子，其实每个人都有着想要操纵别人、希望别人能按照自己想法去做的念头。但是没有人愿意被别人操纵，所以孩子也不需要因无法让别人改变主意而苦恼，人不能改变别人，那就适当地改变自己。

2. 妈妈要告诉孩子她不一定就是正确的

人的思想是会受到见闻、修养影响的，所以在不同的阶段，人的思想也会有所变化。在成长的阶段里，人的思想难免会不成熟。但是孩子不会知道这个道理，所以妈妈要通过一些实例来告诉孩子，让她从心底里接受这样一个事实，孩子所得出的结论不一定就是正确的，所以不要妄图让别人接受自己的观念。

3. 妈妈要告诉孩子改变自己的好处

妈妈可以通过一些事例来告诉孩子，一个总是想着改变别人的人最终会让人讨厌，甚至会让自己的生活陷入一团乱麻。但是，如果孩子勇敢地接受一些既定的事实，并通过调整自己的状态和心态来适应环境，那么她一定是受欢迎的，在别人对自己有偏见的时候通过行动证明自己，这才是最有效的解决问题的方法。

第四章
诱惑是裹在糖衣下的伤痛

世间的诱惑数以万计。人生最大的敌人
不是恐惧而是诱惑。越是外表光鲜轻而易举
就能实现的，就越要提高警惕。

24.

想得到就自己努力去争取

昨天，你和小姐妹打电话聊天，路过客厅时，我听到你嚣张地说："你也喜欢她的 iPhone 啊？不如明天我们跟她要过来玩几天，她敢不给?!"我顿时停住了脚步，真不敢相信自己的耳朵，这还是我那可爱的乖女儿吗？怎么听上去好像跟个土匪强盗一样？孩子，为了你以后的人生之路走在正确的方向上，妈妈今天就要和你说说如何正确地获得自己想要的东西。

孩子，随着时间的流逝，你已经从一个只知道哇哇大哭找妈妈的小毛头，变成了一个亭亭玉立的漂亮姑娘。随着你逐渐融入这个社会，你会发现自己想要的东西越来越多，而得不到的东西也越来越多。特别是作为一个女孩子，面临着太多的诱惑，你会想拥有高档的化妆品、漂亮的衣服，甚至想要和某个优秀的男孩子做朋友。孩子，如何得到这些东西绝对是对你能力的一大考验，你需要不断地努力，历尽艰辛，但是结果却可能不尽如人意。这个时候你可能会觉得：我为什么要这么辛苦地去努力，应该有捷径的，比如，从别人手中抢过来……妈妈郑重地告诉你，这绝对是不可取的，抢来的东西，既不牢靠也不能让你心安。面对想要的东西，你一定要有平和的心态，要靠努力地付出获得成功。这个道理，适用于你想得到的所有东西。

也许妈妈说的会让你感到枯燥，那么，看看下面的故事你就明白了。

小许是个普通的农民工，在一家工地干活，每个月工资只有2000块，和其他工友一样，吃着馒头大葱，睡在邋遢的工棚里，每个月把几乎一点儿不少的工资寄回远在山区的老家里。小许从没抱怨过什么，他觉得所有进城打工的人过的都是这种生活，他唯一的愿望是：下个月的工资再高点，这样就可以多存点钱，到明年就可以回家娶妻生子……

直到有一天，小许见到了同村的小吴，大吃一惊。小吴和刚来城里的时候大不一样了，身上穿着皮夹克，脚上穿着锃亮的皮鞋。于是他连忙问小吴是不是找到了什么工资高的厂子，是否可以把自己介绍进去。小吴哈哈地笑了，对小许悄悄地说，自己并不是进了什么厂，而是跟了一个"好大哥"。小许充满向往，于是便央求小吴把自己介绍给那位大哥，小吴答应了。后来，小许才发现，原来自己进入了一伙黑帮势力，专门偷盗抢劫。小许有点后悔，后来想想自己的梦想，决定先干几把再退伙。小许在参与了几次抢劫后，尝到了甜头，这可比工地上干活容易多了，而且钱真的来得快，这样下去，不用到明年，自己就有一笔不小的存款了。

没想到的是，小许的发财梦没能实现，公安机关在一起摩托车抢劫案中抓获了小许。什么都没有了，家人痛哭，朋友惋惜，小许后悔不已。

孩子，看到这个故事，你就应该明白，在这个世界上，没有任何一样抢来的东西是可靠的，如果你想得到什么，就一定要付出自己的努力。用汗水换来的东西才是真正属于你的，并且永远不会背叛你。

教子小贴士

1. 告诉孩子不能抢别人的东西

这个世界诱惑太多，特别是对爱美的女孩子而言。妈妈要让孩子明白，不管有多么地想得到一样东西，也不能靠抢别人来实现。并从现实生活举例，让孩子明白抢东西是非常恶劣的行为，让孩子培养起正确的世界观、价值观。

2. 让孩子明白抢东西的后果

妈妈要告诉孩子，小的时候抢小朋友的东西可能只是会遭到家长们的斥责，朋友们的疏离，但是如果养成抢东西的坏习惯，成年后就可能触犯法律，这个时候便没有人能挽救你，所酿成的苦果只能自己来尝。

3. 引导孩子养成靠自己努力获得想要的东西的思维和习惯

随着孩子年龄的增长，想要的东西也会越来越多，可能会看上朋友的东西，有时候可能去偷偷地拿别人的东西。妈妈如果发现这种现象，一定要给予重视，及时地对孩子进行教育，对于其想要的东西，可以采取家务劳动付钱的方式，让孩子自己存钱去买。总之，要让孩子养成自己努力才有收获的好习惯。

25.

舍与得的尺度

孩子，你今天回来时一副很不开心的样子，我问你怎么了，你气愤地说自己再也不要跟琪琪玩了，原因是琪琪今天去学校很晚，桌子椅子都没擦，害你坐了一屁股的灰尘。我问你自己是否擦过桌椅，你愣了一愣说，都是琪琪擦的，根本用不着自己擦。孩子，尽管你不喜欢，妈妈也要说一句：现在的你，简直快要变成一个只懂得要求别人的自私鬼了，起码是在擦桌椅的问题上是如此。人与人之间是平等的，付出和回报也应该是对等的。现如今，这个世界上自私的人远远多于只懂得奉献的人。随着你越来越融入这个社会，你会发现自私的人很难在这个社会上立足，很难得到别人的喜欢。想想看，有次你看电影的时候，旁边有个叔叔一直在接电话，当时你不是对妈妈说你很讨厌他吗？那个叔叔的行为就是典型的自私啊，只管自己，不顾别人的感受。人生活在这个世界上，是以群体方式存在的，没有一个人能脱离群体的生活而独自存在。我们吃饭、穿衣、出行、住宿都需要与人打交道，如果一个人时时刻刻只想着自己，与人交往中只想多占点便宜，多捞点好处，或者只管自己不管别人，你说，会有人喜欢这种人吗？为了让你更明白这个道理，妈妈就跟你说个前两天在报纸上看到的故事吧。

星星长得漂亮可爱，又能歌善舞，初入大学便吸引了全班同学的眼球，还被同学们推选为文娱委员。星星理所当然地接受了，她从小就是爸爸妈妈的宝贝女儿、老师口中的好学生、同学眼中的佼佼者，被选为文娱委员也是应当的。星星对她的大学生活充满期待，但是有一点她很不习惯，大学都是在学校住宿的，她也只好住在学校，告别了家里舒适的房间，住到了学校安排的四人间。星星不喜欢学校的宿舍，她觉得四个人住一起很挤，卫生间又很脏，星星不喜欢打扫，在家里都是妈妈帮自己打扫房间的。星星只有在脚下很脏的时候才会不情愿地打扫一下自己桌子椅子下面那一块，同学打扫窗户、阳台和卫生间的时候，她也从不动手。宿舍的同学虽然对她有意见，但是看在同学的面子上也不好开口。后来，星星交了个男朋友，陷入了热恋，每天晚上两个人都要打一两个小时的电话，有时候能说到凌晨一两点，同宿舍的同学睡不着，让她声音小一点或者发短信也可以，她就当自己没有听到，毕竟男朋友要紧……渐渐地，星星发现，同学们都不太爱和自己说话了，自己组织的活动报名参加的人也寥寥无几。星星觉得很迷惑，自己做错了什么吗？

看到了吗，孩子，一个人想要得到别人的爱，必须要学会爱别人，尊重别人的需求，别人才会尊重你。这个世界上，没有人欠你的。

孩子，妈妈说了这么多，你明白了吗？你要做一个能正确把握自己的人，在生活中或与人交往中都要有自己的原则，并考虑别人的感受，不要一味地退让或以自我为中心。过分的无私奉献和过分的自私都不会得到别人的尊重与回报的，你或许希望靠无私的奉献来得到别人的好感，或许贪恋以自我为中心的舒适，但这些好感和舒适都是暂时的，一旦过度，就会给你造成痛苦的结果。

教子小贴士

1. 告诉孩子无休止奉献的弊端

告诉孩子，无休止地只求付出不求回报只会让别人习以为常，久而久之，你的付出和努力便成为别人生活中的一个必然，没有人会因为你的付出而感谢你。妈妈可以举出一些生活中的例子，通过这些例子告诉孩子一味付出的弊端，让孩子更容易接受。

2. 告诉孩子过分自私的结果

现在的孩子都是独生子女，要更加注重这一点的教育，告诉孩子，如果想要在社会上生存，就必须学会适当地为别人考虑，并针对生活中的实例给予教育。比如说，孩子今天把家里的玩具藏起来，不给同学玩，告诉她这样容易失去朋友，等等。

26.

成功没有捷径

你最近总是拿着一张纸算来算去，我在你的作业本上也常常看见一些莫名其妙的数字，便问你最近在干什么。你一脸神秘地说自己最近在钻研彩票，寻找其中的规律，要一举中个大奖。我听完又好气又好笑，一个十多岁的小姑娘竟然也开始钻研彩票了。好吧，孩子，你真觉得会有这样的好事吗？反正我是绝对不相信的，今天妈妈和你说的，就是这样的一个问题。

孩子，你可能听说过"房奴""卡奴"，却不一定听说过"彩奴"。什么叫"彩奴"呢？一般来说，"彩奴"有以下特点：

一、一天不买彩票就浑身难受；

二、彩票买得越多就越亢奋；

三、看到一串数字，就会觉得命运的转折点来了，马上去买彩票；

四、坚信自己一定能中大奖。

如果一个彩民能符合三条，我们就可以称其为"彩奴"。在日常生活中，这样的彩票爱好者并不罕见，但我们往往不会对这种彩票中毒的现象进行深层次的思考和反思，更多的是将其理解为一种随处可见的社会现象。

随着我国彩票事业的发展，彩民的数量也越来越多，不可否认，社会本身是不公平的，中下层民众缺乏改善自己生活的机会和途径，所以越来越多的人希望能通过购买彩票一夜间暴富，实现命运的逆转。另外，近年来广大媒体和投注站出于某种目的，对彩票中奖进行大肆渲染，对彩票中奖者进行采访、跟踪报道，展示其多年来买彩票的经历，中彩票者仿佛成了"大英雄"一般。这也在一定程度上误导着人们。人都存在投机心理，有些人甚至无心工作和学习，全心投入对彩票的研究上，最终一事无成，生活越过越往下走。彩票本来是国家筹集社会公益基金的一种方式，但现在看来成了彩民眼中的合法的"博彩"。孩子，你知道吗？在我国两亿多彩民中，问题彩民大概有 700 多万，其中重度问题彩民达到 43 万人；部分彩民因对巨额大奖不切实际地追逐，沉迷其中甚至铤而走险的案例时有发生。如何正确地对待彩票问题，不仅仅是个人问题、家庭问题，还是社会问题。最近，妈妈就在新闻上看到了这样一个故事：

李东坤家在浙江温州，自己经营着一家小工厂，资产也有个一两百万元，在当地也算是个小有名气的人物，一家人过着富足的生活。有天，他送儿子上学，在回家的路上看见一家彩票销售点里人很多，从来不买彩票的他摸摸口袋里的零钱，觉得现在回家还早，于是下车买了一组彩票塞进了包里。事后，李东坤很快就忘记了彩票这回事，直到几天后再次路过这家彩票销售点，才想起来自己有一组彩票，就从包里翻出来，让彩票销售点的工作人员帮忙看一下。谁知道他竟然中了二等奖，七十几万元，李东坤万分惊喜，暗暗想这可比开工厂轻松多了。回到家的李东坤坐立不安，干脆立刻起身，去领取了现金。

从此以后，李东坤开始疯狂地买彩票，他觉得自己一定会中更大的奖。他瞒着家人，把买彩票中的七十多万元全部用在了买彩票上。李东坤为了提高中奖概率，不再一组一组地买，而是选择几十组甚至几百组地买，每次买彩票少则花掉两三千元，多则花掉两三万元。很快，中奖得来的钱被他挥霍一空，李东坤开始用家里钱来买彩票，他一直相信自己有一天一定会中500万元大奖的。不知不觉，家里的钱被他用掉了100多万元，而这一切李东坤的家人一无所知。

有一段时间，李东坤根据自己的车牌号和家里的电话号码组合成了一组幸运数字，每天都去买这组数字的彩票。有一天，由于朋友拉他去吃饭，走得很仓促没能买成彩票。后来他得知，当期的头等奖就是他的幸运号码。李东坤后悔不已，自己就这样与500万元大奖擦肩而过，但这次的经历更加坚定了李东坤的信念，他相信自己是有得大奖的潜质的。于是他开始了更加疯狂的行为，他偷偷卖掉了厂子的一部分设备，用这笔钱全部买了彩票，但是却一张未中。据李东坤讲，自己曾经购买的彩票可以装满两麻袋。纸包不住火，李东坤的家人最终得知了真相。妻子气得和他离了婚，带着孩子回了娘家。看着空落落的家，李东坤后悔不已，但是世上没有卖后悔药的，他再也回不到过去了。

孩子，你看到了吧，天上是不可能掉馅饼的，我们平时在电视、报纸等媒体接收到的都是"某某中了多少万大奖"之类的消息，却很少得知百分之九十五以上的彩民在买彩票的事情上浪费了大量的金钱、精力和时间，却是一无所得。更有一些人对彩票甚至到了走火入魔的程度，不仅害了自己，还害了自己的家庭和亲人。所以，孩子，妈妈希望你能正确认识买彩票这种带着很大投机性的行为，不要拿自己的时间和精力做赌注。你应该也听过"十赌九输"这句话吧，去冒这种风险，远不如你好好学习、考上一个好大学、找一份好工作来得靠谱。

教子小贴士

1. 让孩子了解彩票的中奖情况

对孩子而言，可能接收到的关于中奖的正面消息比较多，电视等媒体的宣传往往失真，掩盖了它的真实情况。妈妈应该告诉孩子，买彩票中大奖是一个小概率事件，让孩子不再寄希望于彩票。

2. 告诉孩子过分痴迷于买彩票的后果

过分痴迷于买彩票不仅仅会花掉大量的金钱，还会因为花大量时间研究中奖规律而影响人们的正常工作和学习。妈妈应当举例告诉孩子，过分痴迷于买彩票，企图通过买彩票来实现发财致富是很愚蠢的想法，让孩子理性看待彩票。

3. 告诉孩子努力才能成功

类似于买彩票之类的投机行为往往会吸引很多的人去付出时间和精力。如果您的孩子也开始琢磨通过这些途径发财致富，那么妈妈一定要注意了，要对孩子进行及时的教育，让孩子养成靠努力来获取成功的习惯。

27.

别被不可能实现的事牵扯自己太多的精力

孩子，你还记得去年你非要去参加模特大赛的事吗？那段时间你整天躲在房间里不知在做些什么事情。妈妈问你，你声称在思考自己的新造型，好去参加模特大赛的海选，后来被妈妈死说活说总算放弃了。那时的你虽然聪明又漂亮，但是孩子，模特是有身高要求的，你还没达到呢。到时候你白忙活一个月，人家连名都不让你报呢，那岂不是很伤心。孩子，你明白了吗，这就是没谱的事。如果你没有听妈妈的话，还是硬要去参加模特大赛的话，那么你可能需要准备起码一个月。每天练台步，琢磨着怎么能把露出八颗牙的笑容练习得更迷人。这些姑且不说，毕竟这些练习对你以后也是有好处的，但是，你要是把心都放到了这些东西上面，那你的功课是不是就落下来了？孩子，在确定要去做一件事情之前，你问问自己的能力和条件能不能达到，然后再确定是否要为其付出努力。

孩子，人的精力是有限的，有一笔账是这么算的：一天有24小时，你有八个小时用在了睡觉上，起码两个小时用在了吃饭上，两个小时用在了聊天上，一个小时用在发呆和无所事事上，半个小时用在吃零食上，再除去你上班或上课的时间，看吧，孩子，其实你的时间是很少的，所以这个世界的太多事情你是没必要管的。你只需要抓住自己生命中最要紧的东西，把自己的生命活得更精彩一些就好。妈妈接下来要举个例子让你更明白这个道理。

程程大学毕业的时候并没有很快找到较好的工作，因为程程大学所学的是中文专业，程程又不想做老师，所以只能在一家小小的杂志社里浑浑噩噩地过日子，每个月拿着少得可怜的薪水。那时候，她心目中最大的愿望就是希望能赶快找个机会去做一份稳定又收入高的工作，但是这对程程来说，显然并不是一件容易的事。所以在之后一两年的时间里，程程都是一个拿着微薄工资的小职员。后来，一位程程颇为敬重的前辈给她打来电话，说他的一个朋友可以帮程程解决工作的问题。程程听了特别地高兴，后来便开始了一系列的准备。开始的时候，前辈的朋友还算热心，让程程做了履历交给他，后来又在他的要求下去见了几次人，便许久都没有消息了，据前辈说，他在想办法从中周旋。那时候，程程一门心思地等待着这个机会，因为这件事，程程没有心思再好好工作，也丧失了一次晋升的机会。因为"马上要跳槽"的这件事，程程再也没办法像从前一样一门心思地投入工作了，她总是在畅想着美好的未来，这种日子一直持续了半年。最后的结局是，程程从前辈的口中得知，前辈的朋友没有办成这件事，程程顿时愕然了。

孩子，从程程的故事你就可以看出，一个人消耗了大量的时间和精力在没谱的事上的危害。所以，妈妈希望你长大之后能脚踏实地地做事，别像程程一样为没谱的事儿白白地浪费自己的精力。

教子小贴士

1. 教孩子分辨哪些是没谱的事

孩子由于涉世未深，对社会和自身的看法不一定总是正确的，另外，由于孩子容易受到外界的影响，可能会追求不适合或者根本没能力达成的事情。妈妈要帮助孩子，让她明白生活中哪些事情是不需要追求的，而哪些才是生活中真正的重心，并举例加以说明，特别是孩子自身的例子，更具有说服力。

2. 让孩子懂得放弃那些没谱的事

妈妈要引导孩子认清自身的局限性，让孩子明白人不是万能的，人的时间和精力都是有限的，并不是做任何事都要成功，对那些不现实的事情及时放手才能更好地把精力和时间投入到重要的事情上。这里，妈妈可以举反例，告诉孩子不要把精力浪费在没谱的事上的重要性。

28.

小心走好自己脚下的路

那天我和你一起上街，走着走着，发现你没了踪影，再回头一瞧，原来你正聚精会神地盯着电线杆上的小广告呢！我走过去一看，原来上面写的是某公关公司招聘女助理的广告，要求身高1.65 米以上、体健貌端、思想开放、日薪 300 元……我立刻拉你离开。你却不肯走："妈妈，这个多好啊！看看，只要每天晚上工作三个小时就可以了……"我听你这么说，真的脸都要黑了。孩子，不要妄想着你同别人聊聊天就能收大钱，这个世界上到处都是金钱铺就的陷阱，妈妈接下来和你说的，就是这个问题。

孩子，随着你的年龄逐渐增长，越来越融入这个社会，渐渐地，你会发现这个世界有太多光怪陆离并且你所不能理解的事情。

找工作的时候一定不要相信什么工作轻松、高薪之类的话，天上没有掉馅饼的好事，特别是女孩子更容易轻信别人，掉进别人设计已久的陷阱。女孩子一定要明白，这个世界是讲究公平的，只有付出才会有回报，如果有高薪又轻松的工作摆在了你面前，问一问自己，为什么会轮到我。在物欲横流的世界里，金钱的圈套时时存在，女孩子一定要保持高度的警惕性。

女孩子一定不能被金钱蒙蔽了双眼，也许你看到的是金光灿灿的光环，但跳进去之后才发现原来是一个深不见底的泥潭。这个世界给女孩子的考验和诱惑太多，女孩子一定不要被迷惑了双眼，如果迷失了方向，那么再想回头几乎就是不可能的了。

教子小贴士

1. 告诉孩子招聘广告上的一些猫腻

街上那些小广告，不仅仅是酒店招聘，还有招陪游玩女生，租个女友回家过年等，都是诈骗的手段。女孩子一定不要被里面提供的高薪所迷惑，要学会透过现象看本质。妈妈要告诉孩子这些招聘广告并非像上面写的那么好，高薪是用女孩子们无法承担的代价换来的，而女孩子一定要坚决地对这些招聘说"不"。

2. 告诉孩子轻信别人铺下的陷阱会有怎样的后果

现代社会，针对女孩子的金钱陷阱很多，稍不留神，便会跌入到无底的深渊。妈妈要告诉孩子，如果轻易被金钱迷惑了会有什么样的后果，最好能举例论证自己的观点，那么将会更有说服力，孩子更容易接受。

3. 教孩子识别并拒绝这些陷阱

现在的孩子在做暑假实习或者找兼职的时候，容易遇到这些陷阱。妈妈要告诉孩子一般这些陷阱的表现形式，比如高薪家教、手工制品、酒店实习，不要看到高薪就急着往上冲，一定要加以甄别，这样才能有效地防止掉入金钱陷阱。

29.

别因好奇将自己推向无法逆转的悬崖

女儿，还记得在外婆家前面发生的那件事吗？我们两个一起走，看到前面围着一大群人，你很好奇，走过去，发现原来有人摆了个箱子在外面，只要掏出一块钱，就可以看到许多你这辈子都没可能看到的东西。许多人都交了钱，一个接一个地看，看过之后脸都是红扑扑的。你也来了兴趣，一块钱算什么呢？如果能看个稀罕物，那也就值了，于是你走过去，也是脸红红地走了出来。我问你看到了什么，你扭捏了一下，说道："呃……是两个人在接吻……"我当时立刻就笑了。的确，有的时候，好奇可以促进我们的学习和认知，也可以给我们带来欢乐，但是凡事都有两面，从另一方面来说，好奇很有可能会将你推向无法逆转的悬崖。孩子，今天妈妈就要和你说说这个问题。

孩子，十多岁的你正处于一个对任何事都好奇、都想尝试的阶段。这个世界有太多你想不明白但却想尝试的东西，于是你有了自己的隐私，不想把这些告诉妈妈，学会了自己在网络上搜索信息，你渐渐拥有了自己的小世界，喜欢什么事情都要自己去尝试，不喜欢大人对自己指手画脚。你的心情我能理解，但是，孩子，妈妈想告诉你的是，不管你有多好奇，有些东西是绝对不能碰的，比如说毒品和性。

其实关于毒品的问题妈妈已经和你说过了，但是妈妈想强调的是，有很大一部分人之所以染上毒瘾，就是因为好奇。根据有关资料，在我国吸毒人群中，35岁以下的人比例高达78%，并且他们开始吸毒时，平均年龄还不到20岁，而16岁以下开始吸毒的青少年更是数不胜数。孩子，你知道这意味着什么吗？这意味着你的同学中可能就有吸毒者。而青少年又具有极强的好奇心理和模仿性，并且容易冲动，抗诱惑能力不强，正处于青春期的你怎么能够让妈妈不担心？家里放电视剧的时候，你不是也看过那些年纪轻轻的孩子的故事吗？他们往往因为觉得好玩，吸食海洛因或者摇头丸，最后被送进戒毒所，而他们的父母肝肠寸断，好好的一个家从此充满了伤痕。这个世界上，有太多的人因为毒品而倾家荡产，甚至染上艾滋病，所以妈妈希望你一定要远离这个恶魔。

另外，随着你进入青春期，对男孩子的兴趣也愈发明显，这是你开始长大的标志，妈妈由衷地高兴。渐渐地，追求你的男孩子会越来越多，你或许也会有喜欢的人，然后开始交往，开始也许只是拉拉小手，但感情到了一定程度，你们可能会想要有更进一步的接触。还记得我们隔壁的那个叫绿绿的姐姐吗？妈妈今天把她的故事讲给你听，全当是一个借鉴吧！

绿绿在读高中的时候是全校闻名的校花，追求者数不胜数，绿绿偏偏都看不上眼，她早就心有所属了，她最喜欢的是隔壁班的小郑。小郑身高1.8米，喜欢打篮球，学习成绩又好，"如果有一天能和小郑做朋友该多好！"绿绿常常会这样想。让绿绿没想到的是，有一天下课，小郑红着脸把一封信放到了绿绿的桌子上，然后在同学们的起哄声中逃也似地走掉了。绿绿知道，自己要恋爱了。

绿绿和小郑很快陷入了热恋，他们除了睡觉、吃饭、上课，其他时间都尽可能地腻在一起，随着高考的越来越近，他们的感情愈加升温。有一天，小郑对绿绿说想尝试尝试那种事情，绿绿虽嘴上说不好，心里却也充满了好奇，又觉得自己跟小郑的感情已经这么好了，再进一步也没什么，于是就半推半就地同意了。

高考到了，绿绿觉得最近身体总是不怎么舒服，一吃饭就作呕，想着考试完了到医院去做个检查，于是坚持着进了考场，没想到晕倒在了考场里。送到医院后的检查结果令所有人都大吃一惊，绿绿怀孕了！绿绿的爸爸妈妈惊呆了，他们万万没想到自己引以为傲的宝贝女儿竟然会这样。绿绿在爸妈的逼问下供出了小郑，于是两个人在没有考试完的情况下双双落榜。由于年纪还小，绿绿打掉了孩子，却由于流产后子宫太薄，以后再也无法怀孕。小郑的家人听说这个消息后，劝小郑离开绿绿。小郑在家庭的压力下选择了妥协，补偿了绿绿一笔费用。

是的，这就是这个故事的结局，现实就是这么残忍，一个充满好奇的心能让人获取知识，也能让人做出让自己后悔终身的事情。孩子，妈妈说的你能理解和接受吗？

教子小贴士

1. 让孩子学会辨别哪些是不能好奇的事情

随着孩子年龄的增长，他们对外界的事物越来越觉得好奇，如果不及时加以引导，可能会出现家长意想不到的结果。妈妈要告诉孩子，哪些东西是坚决不能触碰的，让孩子学会把好奇心放在适当的地方。

2. 告诉孩子好奇的心态可能会导致沉重的后果

处于青春期的孩子由于性格发育不成熟，往往存在着容易冲动、从众、追求潮流等特质。针对孩子的这些特点，妈妈要告诉孩子，如果一味跟随自己的想法，可能会造成怎样的后果，让孩子对相应事件的严重程度有自己的判断，比如，吸食毒品会进监狱等。最好举个例子，这样更直观，更利于孩子接受。

3. 教孩子学会在适当的时候控制自己的好奇之心

孩子由于年龄的缘故，还不能很好地控制自己的想法和行动，往往脑子一热什么事都做了，妈妈要培养孩子控制自己的习惯。

30.

贪心是一切悲剧的开始

那天你回到家，一脸喜滋滋的样子，还没等妈妈问，就迫不及待地说："妈妈，我今天赚了 10 块钱!"妈妈愣了一下，你还没上班，到哪里去挣钱？后来总算弄明白了，学校门口的小店买一送一，买一盒圆珠笔送一盒圆珠笔，原来 10 块钱只能买一盒，现在买了两盒，可不就是赚了 10 块钱吗？"那圆珠笔好用吗？""卖东西的老板说很好的哦!"看来，你真的很开心。后来妈妈知道那两盒圆珠笔只用了不到两次就被你全部丢掉了，因为基本上不能用。孩子，这就是贪小便宜的结果，这也正是妈妈今天要跟你讲的。

近些年来，不管是从网络上、电视上，还是广播、报纸上，随处可见关于受骗的新闻，受骗的人不分国籍、不分种族、不分性别、不分年龄，仿佛现在这个社会已经无法阻止骗子的脚步了，人们都充满了不安全的感觉。孩子，你不也是买了两盒劣质的圆珠笔吗？

其实以妈妈的视角来看，人们之所以会受骗，主要是贪心的缘故。据调查，由于贪小便宜被骗的案件占总诈骗案的百分之八十。孩子，这个世界上想不劳而获的人太多，每个人都希望有突如其来的好运。不可否认，有一些人确实是很幸运的，但是，孩子，这种好运是非常非常罕见的。相比较而言，我们身边上当受骗的人更多吧！

越是贪心的人就越容易上当。如果一个人只相信靠自己劳动得到的成果，又怎会那么容易受骗呢？孩子，当你遇到下面这些好事的时候一定要选择冷静，不要让贪便宜的心态主导了你的思想。

中奖信息。有次你不是拿着手机非常兴奋地给妈妈看你的"中奖消息"嘛。不管是中奖短信还是中奖电话都离不开一个主题，告诉你因为某种非常不靠谱的原因，你中了某某大奖，要求联系某个号码。而你一旦打电话过去，会被告知你在领取奖品之前需要先缴纳一定的费用，在缴纳费用之后，就再也不能联系到这个号码了，你不仅没有得到大奖，自己的那点小存款也被榨光了。

外币兑换。这种情况常常在长途客车上遇到。一般是几个人称自己有某某国的纸币，想卖掉。然后有个冒充专家模样的同伙站出来告诉大家，这种纸币非常值钱，以这种价格买到真是赚翻了。接下来，有几个冒充乘客的同伙争先恐后地来买，造成一种"大家都在买，不会上当"的感觉。孩子，如果买了，回家后可以带着这种纸币到银行里问问，它们可能不及你花出去的人民币价值的十分之一。

某种原因，廉价抛售。这种情况也是非常常见的，比如说你买的"买一送一的圆珠笔"。妈妈也上过这种当，有次街边有人卖电锅，只要200块，不仅可以买一只电锅，还送电熨斗和剃须刀。妈妈被贪念冲昏了脑子，就买了一套，结果回到家，锅子和电熨斗用了两天就不工作了，更可恶的是，剃须刀差点把你爸爸的脸划伤。而这种东西到哪里找个说法呢？街边摊早就不知道跑到哪里去继续骗人了。

　　贪小便宜还可能带来更加沉重的后果。你还记得以前楼下住的那个刘奶奶吗？刘奶奶已经退休了，儿子女儿都在国外。有一次刘奶奶碰到一个商人，称自己有很多中药材，家里儿子生病了要赶回去，想把这些药材处理了。刘奶奶看他一副老实的模样，而且这个商人的药材的价格又比药店便宜很多，于是满心欢喜地买了好多，后来又把附近需要吃中药治病的老人都找来，推荐商人的药材。很快商人的药材全部卖掉了，他立刻离开了小区。刘奶奶觉得自己做了一件好事，不仅自己得到了好处，还给邻居们省了钱，非常欣慰。很快，跟刘奶奶一起买药材的李大伯越想越觉得不对劲，就把药材拿去给医生看，才知道这些中药全是假的，整个小区的老人总共损失了两万多块。刘奶奶又气又内疚，自己损失了这么多钱不说，还给邻居带来了这么大的损失。虽然邻居们没有责怪她，但刘奶奶依然觉得自己害了大家，就这样思虑交加，刘奶奶病倒了，在医院里住了好长时间。孩子，你明白了吗？不要轻易相信那些从天而降的好运，看似美好的事物往往是有毒的，电视里出现罂粟花的时候，你说很漂亮，妈妈告诉你这种花的果实会害人，是制造令人深恶痛绝的毒品的原料，你还记得吧？

孩子，你看到了吧，贪小便宜的后果就是这么严重，一点点小利益的迷惑可能使人陷入无限的痛苦之中。特别是对一个女孩子来说，面对的金钱陷阱更是数不胜数，对一个贪小便宜的女孩来说，她的未来是堪忧的。所以，孩子，无论到什么时候，想要什么东西，都要靠自己的努力，不要相信自己撞了大运。

教子小贴士

1. 告诉孩子贪念要不得

妈妈要告诉孩子，这个世界不会无缘无故地把好处降临到你的身上，告诉她这个世界有很多骗局，让她认清楚看起来很诱人、很值得的事物往往是有毒的，不能轻易吃下去，并结合孩子熟悉的人和事加以教育，让孩子保持警惕性。

2. 教孩子怎么识别骗局

妈妈要告诉孩子常见的骗局的种类，告诉孩子这些骗局常有的表现形式有哪些，以帮助孩子及时识别遇到的骗局，并及时选择躲开，防止误入圈套。

3. 教孩子摆正心态，不贪便宜

妈妈要让孩子明白，人之所以会上当受骗，是因为贪心在作怪，每个人都希望下一刻好运会降临到自己头上，如果摒弃掉这种心理，就不会上当。妈妈要告诉孩子，遇到这些看起来非常划算的事，一定不要怀有贪便宜的心态，要怀着踏踏实实做人的态度来处理。

第五章
对于"美"你一定要有自己的标准

爱美是女人的天性，作为女孩子更是有追求美的权利。但今天妈妈要说的是，对于美你一定要有自己的标准。真正的美不在于它有多少时尚的气息，而是在于它是不是能够满足你身上特质的需求。真正的美应该渗透到你的骨子里，与你的气质相符，美绝对不只是漂亮。

31.

先想要做什么样的人，
再看要穿什么样的衣服

女儿，那天同你一起逛街，你走到商店的橱窗前，盯着里面的一件蝙蝠衫瞧个不停，看得出来，你很喜欢。妈妈，我可以试试那件衣服吗？你问。当然可以，我点点头。你兴奋地走进去，穿上那件衣服，抬起胳膊转了一圈，然后问我：妈妈，你看，我穿是不是很好看？我耸耸肩，那件衣服穿在你的身上让你看上去像一个跳街舞的。于是我反对你买下那件衣服，你立刻就不高兴了，这可是今年最流行的款式呢！好几个同学都有这种款式的衣服，为什么我就不能有一件呢？孩子，妈妈不买衣服给你，不是因为吝啬，而是因为你曾经告诉过我，你的愿望是将来做一名律师。想做什么样的人，就要穿什么样的衣！今天妈妈要和你说的，就是这个问题。

女孩子是这个世界上最美丽的一抹色彩，她们用丰富的情感、美丽的妆容让这个世界看上去不再那么冷清，当然，让女孩子看上去更美的服饰也起到了一个很大的作用。但是，孩子，你必须明白，无论到什么时候，服装都应该是为人服务的，不同的人可以通过不同的服饰来彰显自己的特点，所以，在选择衣服之前，你必须要想好自己将来要做一个什么样的人。有了准确的定位，再去选择合适的服装，这样才能真正地让服装发挥最大效用。而事实上，许多最终没能成功的女人，往往就是她们没能根据自己的定位去选择服装进而塑造出鲜明的形象，于是成功也就离开了她们。孩子，就像你希望将来能成为一个出色的律师一样，从现在开始，你就要以一个律师的专业身份来调整自己的形象和状态。这样将来当你真的拿到法律职业资格证书的时候，你就可以立刻以专业的形象出现，你身上的衣服就能更加妥帖地烘托出你的优势。听了下面的故事，也许你对这个问题会有一个更好的理解。

玉洁从校园里走出来之后，成了一名专业的置业顾问，每天穿着职业的套装和高跟鞋让她觉得很不舒服，因为平时她都穿牛仔裤、运动鞋，上衣则一般都是当年流行的款式，一切都以轻松时尚为主，玉洁觉得这样很舒服。但是当她真的要改变形象，穿上一身职业装的时候，一切都显得别扭极了。踩着高跟鞋的她看上去总是给人战战兢兢的感觉，职业的套装也总让她感觉到束手束脚。于是在面对客户的时候，玉洁总是觉得信心不足。一个星期里唯一让玉洁觉得开心的日子就是休息日，因为只有在那时候她才能重新穿上自己松松垮垮的衣服和运动鞋，然后去逛街看电影。在相当长的一段时间里，玉洁都是一个失败的置业顾问，直到她遇见了儿时好友舒黎。舒黎是一个专业的形象设计师，她告诉玉洁，现如今造成她工作难有突破的关键问题就是她没有习惯自己的专业形象，所以当下最要紧的就是一个适应的问题：如果玉洁决意要做置业顾问，那么她就要适应她的装扮。

于是玉洁把之前那些松松垮垮的衣服统统送人，运动鞋彻底从她的房间里绝了迹。每天早上一起床，玉洁首先要轻轻地抚摸一遍自己的职业装，然后说："我爱你！今天就拜托你了！"然后把精致的高跟鞋穿在脚上，对着镜子照上一圈，觉得满意了再出门。这样坚持了一段时间之后，玉洁突然发觉穿上高跟鞋没那么难受了，配上身上剪裁合体的套装和精干的发型，整个人变得精神了许多。更令她觉得欣喜的是，她成了客户们颇为青睐的置业顾问，业绩随之大幅上升。而这个结果又让玉洁更加自信起来，在第二年她成了公司的销售状元，又过了几年，玉洁还升职做了经理。

孩子，看到了吗？当一个人与衣服融合之后，人的气质也就完全发生了变化。所以，在你想要购买衣服的时候，还是先想好自己究竟是要做一个什么样的人，再去选择衣服。其实衣服没有漂不漂亮之分，如果它能让你成为你想成为的人，那么从功能上来说，它就是一件好衣服；否则，即使它价格昂贵、美丽无比，对你来说，也是不适合的。想要做一个成功的人，你就先要装扮成成功的样子，让服装为你服务，你会发觉，吸引力法则在发挥作用，你的前行之路会顺利许多。

教子小贴士

1. 告诉孩子选衣服之前先要想好自己想要做什么样的人

随着服饰种类和款式越来越多，孩子很可能会不知道自己想要穿什么，或者别人穿什么她就跟着穿什么。这时候妈妈要告诉孩子，在选择衣服之前，先要想明白自己想要成为一个什么样的人。这个问题可以从以后从事的职业角度来考虑，也可以从个性的方面考虑，当一件衣服能够帮助你成为你想成为的那个人时，它就是最适合你的那件衣服。所以，考虑好自己想要成为一个什么样的人再去选择衣服是很重要的。

2. 告诉女儿为什么要先确定发展方向，再去选衣服

妈妈将穿衣守则告诉孩子之后，孩子可能会有疑问，所以妈妈就要进一步解释为什么要想好自己想要成为一个什么样的人之后才能选择衣服。可以通过一些事例来告诉孩子，选择一个对自己有用的衣服有多重要。合适的衣服往往能够让穿衣服的人的形象立刻清晰起来，给人留下深刻的印象。当然，在适应形象转变的时候可能会感觉不适应，这时候妈妈要告诉孩子坚持直至习惯为止，因为这些改变是必需的。

32.

彰显自我气质，才是永恒不变的时尚

　　孩子，那天我们在专卖店里，你看中了一件粉色的上衣，本来，在你年纪还小的时候，穿粉嫩一点的颜色也是很正常的，但是很遗憾，那件衣服并不适合你，它对你来说，有些瘦小了。你脱下好不容易穿上去的衣服，闷闷不乐地走出了服装店，过一会儿又叹了口气对我说："妈妈，我想我需要减肥了！不然那些漂亮的衣服都不能穿了。"我听了不以为然，孩子，其实你并不胖，只不过你选择了不适合自己的衣服。穿衣服，不应该因为那件衣服漂亮而选择它，也不能因为某件衣服而改变自己，一个真正懂得时尚的人往往都是通过选择合适的装扮来烘托自己韵味和气质，妈妈接下来就要和你说说这个问题。

　　孩子，妈妈知道，在你们这些年轻人的心目中，妈妈这辈人好像已经成了老古董。穿的衣服，没有一件是出现在时装杂志上的，市面上流行的大热款服装也极少购买，穿的衣服都是同一种风格，真是无趣的要命。还是你们最时尚，今年最流行什么、时装杂志上哪个款式的衣服最漂亮，就去买哪一个！

　　但是，孩子，当你看着满大街的女孩子都在穿着同一个款式的衣服而你自己也是其中的一个时，你会有什么感觉？我想，以你的个性，一定会把那件经常与别人撞衫的衣服扔进箱子里，再也不拿出来了。你的衣橱里面堆满了各式各样的衣服，但是却找不到最喜欢的那一件，因为它们要么全都过了时，要么就是经常与人撞衫。你总是试图选择最新款式的服装，但是当你欢天喜地得到之后，又会因为各种原因而将之丢弃在一旁。你也许会奇怪，为什么妈妈会这么清楚，因为妈妈也是从年轻的时候走过来的，也曾同你一样青春年少，也曾同你一样追赶潮流。但是在无数次的跟风之后，妈妈发现了一件事，那就是：当一个人总是试图去抓住流行的手时，她往往已经落伍了。

　　看看街上的那些女孩子吧，不管胖瘦，统统都穿着勒紧了腿部的小脚裤。没错，有的人穿上确实好看，但是对于许多胖女孩来说，小脚裤除了让她们身上的赘肉更加明显地显露出来之外，并没有任何好处。流行的一定就好吗？我看未必。孩子，在你挑选衣服的时候，必须要记住一个基本的原则：你没必要跟着时尚走，重要的是选择适合自己的。

　　什么样的衣服才是适合自己的呢？

　　第一，你先想好了做什么样的人，再去选择衣服。这一条我们在前文中已经说过了，这里不再赘述。

　　第二，如果你真的想要时尚起来，那就应该选择能够把自己的美更好地表现出来的衣服。孩子，你知道为什么妈妈身上穿着的衣服都是同一种类型的吗？那是因为妈妈经过许多尝试之后，最终明白了哪一种类型的衣服才是最适合自己的。其实，你仔细看看电视，很多名人长得都不算漂亮，但是他们往那里一站，就能吸引所有人的注意，那些人身上散发出来的气质是没有人可以抵挡的，也绝对不能简单地用美或者不美来评价。如果你一定要说美，那就是一种散发着自身韵味的美。

就以20世纪在英国政坛上呼风唤雨的撒切尔夫人来说吧，她的发型总是保持着钢盔式，穿的衣服都是有着大垫肩的品牌套装，手上拎着的是一款用了几十年的方方正正的手提包，脖子上戴的珍珠项链是在她生下第一个孩子时丈夫送给她的礼物。就是这么多年来一成不变的着装风格，让撒切尔夫人成为世界上屈指可数的最佳着装女人之一。无论是在专业人士还是在普通人的眼里，撒切尔夫人看上去总是那么彬彬有礼，别有一番韵味，身上的服装优雅却又不至于抢走她的光芒。正是靠着这种形象，撒切尔夫人赢得了全世界的倾慕，也赢得了自己在政坛的位置。

看到了吗，孩子？时尚其实和你身上穿的戴的是不是最新款没有多少关系，真正的时尚，应该是来自你的审美观点。而一个人的审美观，是需要一段时间的琢磨和修炼的，这需要你在生活中加以总结，选择最适合自己的、更能凸显自身优点的衣服。找到自己的风格并坚持下去，孩子，你会变得越来越时尚，越来越有味道，这是那些一味追求潮流的人永远也做不到的。

总之，无论你是高是矮，是胖是瘦，都不要仅仅因为某件服装或者配饰而轻易否定自己，你需要的只是一个更适合自己的风格，找到了属于自己的风格，你就是最美的那个人。

教子小贴士

1. 告诉孩子穿衣要追求自己的韵味

面对孩子总喜欢按照流行穿衣的做法，妈妈要告诉孩子，真正的美应该是独特的，千篇一律、没有特点不可能称得上美丽，不明白这个道理，就算花再多的钱、买再贵的衣服，都不可能让一个人变得时尚美丽。

2. 告诉孩子怎样才能穿出自己的韵味

妈妈可以举一个名人或者身边的成功女性的例子，通过真实的事例来告诉孩子，什么才叫有韵味。如果孩子不能理解，妈妈就要拿出一些不合适的衣服问孩子："你觉得她穿这件衣服好看吗？""这双鞋子适合她吗？""这件衣服很漂亮，为什么她穿不可以？"等，让孩子自己判断思考，慢慢她就会明白怎样穿衣才是真正的时尚。

3. 引导孩子形成自己独特的审美观

妈妈要在生活中不断引导孩子，让孩子明白不是漂亮的衣服就是好的，只有合适的才是好的。在平时逛街的时候，妈妈要让孩子自己选择衣服，然后通过搭配引导孩子明白哪些适合，哪些不适合。也可以让孩子看看那些富有韵味的名人是如何穿戴的。

33.

保持自我特质，过度模仿等于没有自我

那些天，电视上播放一个颇为热门的台湾电视剧，你很喜欢里面的一个女主角，言行举止都向那个女主角学习，无论和什么人说话。后来电视上一部香港剧又开始热播，你又开始学着说粤语，听得我云里雾里，不知所以。孩子，你总是喜欢模仿，但是妈妈还是想告诉你一句，作为一个女孩子，一定要有自己的特质，过度模仿没什么好处。

孩子，今天妈妈要和你说的是一个关于模仿的问题。是的，模仿不能算是一件坏事，我们小时候学习说话，就是从模仿开始的；学习写字，也是先从模仿书上的字迹开始；就连穿衣服、唱歌，也都是看周围的人怎么做我们再怎么做……所以，我们的生活中模仿是不可或缺的，甚至可以说，我们是在模仿中不断进步的。但是，孩子，无论什么事情都要注意一个适度的原则，过犹不及，当一个人从适度的模仿走到一个极端的时候，也就没有了自我。

再看看现今流行的模仿秀，无数人争相模仿某位明星，也真有与某明星形神颇为相似者，甚至可以达到几乎以假乱真的地步，但是这些人最终都没能红起来，为什么呢？因为他们是模仿者，这个世界不需要另一张同样的面孔。

所以，孩子，当你受到外界的影响而想要模仿某个人或者某种风格的时候，就要想一想这种风格是不是真的适合自己，这种模仿会不会在不久之后就会过时。如果你不想仅仅做个不入流的模仿者，那就从现在开始放弃模仿，做回你自己。也许听了妈妈的话，你会很不以为然，向素质高的人模仿也是一种进步和潮流啊！你有这样的观念没有错，但是却很容易陷入另一个极端——模仿太过，你不只会失去自己，甚至会让自己陷入一个不可逆转的痛苦中而不能脱身。

当一个人失去了自己的特质，她也就失去了自己。说实话，妈妈曾经见过许多的美女，尤其是在电视上，这些美女也演过许多的电视剧，但是她们却一直没有红起来。反观那些长相颇为普通的女孩子，却因为极具个人特质而一炮而红。所以，孩子，别再做个人云亦云的跟风者，努力保持或培养自己的特质，你会有更多的收益。

教子小贴士

1. 告诉孩子模仿没错，但要适度

妈妈要告诉孩子，学习是一个模仿的过程，但是模仿的目的不是为了与模仿对象更为相似，而是为了在熟练之后形成专属于自己的特质。针对现如今许多女孩因追求美丽而整容的现象，妈妈要特别提醒孩子，千万不要去追求所谓的完美，那些完美的东西往往是没有特质的，而没有特质的东西是不可能给人留下深刻印象的。

2. 告诉孩子一定要善于并敢于挖掘自己的特质

在这个世界上，没有完全相同的两片树叶，也没有完全相同的两个人，上帝让每个人来到这个世界上，都赋予了他们自己的特质。所以妈妈要善于帮助孩子找出她的特质，并鼓励她将之发扬出来。

34.

有些东西可以观赏，但未必真的适合你

孩子，还记得那场时装秀吗？那次的主题是"梦境"，一个个漂亮的模特穿着粉色的衣服在台上走来走去，配合着悠扬美妙的音乐，看上去真是太美了。你看着看着，突然说，妈妈，其实我觉得原来不穿粉色真是一个错误，看，粉色是多么美的一个颜色啊！是啊，粉色是很美，但是……我看看你那一身运动的行头，孩子，说实话，当我联想起那些粉嫩的颜色出现在你身上的时候，我真

有一种想要笑出来的冲动。哈，那一定很有喜感。孩子，你必须得明白，这个世界上有一些东西固然美丽，但是并不适合你，妈妈接下来和你说的，就是这样的一个问题。

在这个世界上，有许多许多美丽的东西，譬如美丽的服装、昂贵的手袋、15厘米高的鞋子……这些穿在模特身上或者摆在商店橱窗里的物品往往会给人一种很美丽的感觉，让很多女人都趋之若鹜，于是在这个世界上就出现这样一种人，她们总是喜欢疯狂购买时尚的、美丽的服饰鞋包，衣橱里堆满了各式各样的衣服，但是每次出门却总是发现自己花费了大量时间和精力辛辛苦苦买回来那么多衣服，竟然没有一件是适合自己的。还有一些女人，专门买衣服，但是衣服买回来之后一次没穿就送人了，问她原因，她不是说大小不合适，就是"看着在别人身上挺好的，穿在自己身上就不行了！"这就是一个普遍存在于女人堆里的现象。当然，孩子，你现在还没有走上社会，没有那么多的时间和金钱去选择自己的服装配饰，但是在你成年之前，妈妈还是要把这种情况告诉你，免得你将来变成一个不知节制疯狂购物的"月光族"，那将是一件十分可怕的事情。

要花费尽可能少的钱去买到最适合自己的服装鞋包配饰，你必须要告诉自己：再美的东西也不能轻易买回来！除非它真的适合你。孩子，还记得我们那一年在三亚旅行时发生的事情吗？那时候正流行一种特制的波希米亚裙，街上到处都能看到。那时候的你还没有确定自己的着装风格，于是也买来了一条。说实话，穿在你那尚未发育完全的小身板上，虽然没有风姿绰约的感觉，但是至少还是清爽宜人的。你很得意，穿着那条裙子和我们一起去逛街，一会儿手舞足蹈，一会儿扭扭捏捏，看见有镜子的地方就会跑过去照一照。后来，从对面走来一个胖乎乎的小姐姐，她的身上穿着和你一模一样的裙子，但是啊，那裙子看起来真是难受极了，紧紧地束在她的身上，裙子上的碎花让她的身材看上去胖了一圈。你很得意，还好我穿着比她好看。但是又过了一会儿，一个身材高挑的长发美女也穿着和你一样的衣服走过来，你那时候揪着衣服，恨不得立刻就换下来，那条裙子穿在人家的身上才叫美，你这个留着短头发的小女孩，实在不适合穿那么女人味的衣服啊！

于是从那以后，你便开始走清爽路线了，简约而又不失时尚，大大的眼睛看上去特别有神，的确比很多女孩子更抢眼，有时候和几个女孩一起出行，你总是能够脱颖而出。但是现在你竟然和我说起要穿粉色衣服，而且更离谱的是，当我说那不是你的风格时，你竟然还说你从来没有风格，你现在穿着简单只是为了避免麻烦和省钱而已。好吧！作为妈妈，我竟然没有理解你的意思，原来清爽、简约、时尚并不是你的风格，你的风格是什么你还不知道！

无论你出于什么样的原因给我一个这样的解释，我都忍不住要多想了。孩子，你不能因为看见一件漂亮的衣服就轻易毁掉自己已然形成的风格，要知道，一个人的形象不是仅靠美丽而树立的，更多的是来自她的品位和特色。一个频繁更换着装风格、喜欢跟着潮流走的人，往往都会给人一种不踏实、没有主见的感觉。所以，孩子，从某种程度上来说，你的着装风格就是你的形象代言人，一个连形象代言人都可以随意更换的人，怎么可能成熟得起来呢？所以，孩子，以后为自己准备行头，一定要选择适合自己的，至于那些漂亮的，如果不适合你，那就放弃吧。

教子小贴士

1. 告诉孩子不能一味追求漂亮

很多女孩子都喜欢跟风，看到某些东西在别人的身上漂亮，自己也会忍不住买下来，但是这样往往会造成两种后果，一种是买下来再也没穿过，因为根本不适合自己。另一种则是改变了自己的着装风格，影响形象。所以妈妈如果发现孩子出现这一类的问题时，应该通过一些事例让孩子意识到挑选衣服一定要选择适合自己的风格。

2. 告诉孩子着装风格的重要性

妈妈要告诉孩子，一个人穿衣服不应该只是贪图美丽，着装有一个更重要的作用是表达自己，通过服装来展示自己的风格和品位，让别人初步了解自己是一个什么样的人，这和包装之于商品的重要性几乎是一样的。有了好的、稳定的包装，才能给别人好的、深刻的印象。

35.

想做自己的形象顾问，就先辨明自己的心性

对于一个女孩子来说，形象是十分重要的，对此，美国白宫总统礼仪顾问威廉·索尔比曾经说过这样的一句话：当你学会包装自己的技能时，它就会成为你的一种优势，而这种技能，其实是完全可以学会的。事实正是如此，当一个女孩子学会为自己设计形象的时候，她的美会被放大呈现出来，她的气质也会被烘托出来，气场自然也就随之强大起来。但是，想要做自己的形象顾问，并不是一件容易的事情，一个出色的形象顾问，首先应该是从辨别自己或者他人的心性开始的。

孩子，当你走在街头上的时候，很容易就能发现，有些女人身上的衣服可以很好地烘托出她的个性，而同样的衣服穿在另外一个人身上，就完全不搭调，好像是临时借来穿穿一样。为什么会这样？原因就在于有些女人知道自己想要什么，在她的心中对自己有一个很好的定位，知道自己是一个什么样的人，所以在选择衣服的时候也会根据自己的这种定位去选择。但是另外一些女人就做不到这样，她们穿衣服很随意，有的是看到别人穿什么好

看就跟着穿什么，流行杂志或者电视上的人物在穿什么她们就跟着穿，完全不考虑依照自己的心性来养成独特的着装风格。孩子，如果你将来想变成一个充满独特气质的女孩，那么从现在开始，你就要学着通过辨别心性来确立自己的着装风格。

举个简单的例子，你的表姐杨阳是个很文静的女孩，她出现在我们家的时候，总是一脸羞涩，那时候你总是说表姐很淑女，你希望将来也能像她一样。那么，如果让你给杨阳表姐做形象顾问，你会怎么给她选择衣服呢？毋庸置疑，根据她的心性，你为她挑选出来的服装风格应该是很淑女的，这样才能让她和服装融为一体，也能通过着装让她独特的气质更好地凸显出来。

但是如果你要做自己的形象顾问，那就完全不同了。你是一个活泼好动的女孩子，所以形象也应该酷一点，这时候，雪纺衫是断然不能出现在你的身上的，你可以穿上长衫，戴个鸭舌帽，再梳一个酷酷的发型，这样你的特点才能凸显出来。当然，如果你长大了，要进入职场，那么着装除了要根据自己的性格之外，还要适当地展示一点职业色彩。衣服和人，应该是相互协调的。挑选衣服，除了要注意和所在的场所相符合，还要注意一定要符合自己的心性。

当然，妈妈上面所说的，主要是从服装配饰的角度来为你分析，形象设计的内容其实远远不止这些。一个人的外在反映的是他的心性，而一个人在心智尚未成熟的时候，心性也是不定的，加上本身就缺少形象设计的观念，难免会出现形象气质与服饰不搭的情况。所以，孩子，想要做自己的形象顾问，除了要多了解一些形象设计的知识，还要经常对自己做总结，探明心性，这样才能让自己的形象越来越好。

教子小贴士

1. 告诉孩子做自己的形象顾问首先要辨明心性

着装乃至整个形象的设计，都应该与本人心性浑然一体。妈妈要告诉孩子，想要做自己的形象顾问，就要先辨明自己的心性，是开朗活泼还是温婉可人，是个性张扬还是调皮搞怪。在辨明了心性之后再去为自己设计形象，这样才能让自己看起来更有气场，人和服饰才能更好地融为一体。毕竟人不是塑料模特，是会动、会思考的个体，所以在举手投足之间，将自身形象更好地展示给他人，会带来最理想的效果。

2. 告诉孩子一些简单的设计常识

在形象设计方面，妈妈可能并不专业，但是经验却肯定要比孩子丰富。所以，身为妈妈，就要做孩子形象设计入门的第一任老师。妈妈可以通过身边或者电视上的例子来告诉孩子，一个人根据自己的心性选择衣服是最基本的，像是温柔型的女孩子穿衣服就要淑女一点，个性爽朗的女孩子则不适合穿太女性化的蕾丝裙等。引导孩子在看电视或者浏览杂志的时候多观察，这样孩子就会渐渐形成自己对服装的独特见解。

36.

世界崇尚个性，漂亮是为你的气场服务的

我和你一起去阿姨家里做客，第一次去，你颇为重视，从衣橱里找出自己最喜欢的衣服一件一件地试，最终选择了一件一层叠一层的蓬蓬裙，再看上衣，则是一件做工精细的缀满花边的蕾丝装。孩子，说实话，我看到你穿着这么一套衣服走出来的时候，脑海里出现的第一个感觉不是美或者不美的评判，而是圣诞树，以及刚刚包装好的礼物。其实，仔细来看，这些衣服都很不错，很漂亮，售价也不菲，但是穿在你的身上，也只是让它们漂亮而已。用一句比较喜感的话说就是，它们漂亮它们的，你还是老样子。于是我建议你去换一件简单的灰色长衫，却遭到了你的拒绝，你说那种没有款式的衣服，穿出去恐怕也只会泯然众人矣，我才不要穿！好吧，孩子，我不得不下这样的一个结论：你对漂亮的定义还停留在字面的意思上。为了让你明白什么才是真的漂亮，妈妈就抽出一些时间来和你说说关于漂亮的话题。

现如今，追求漂亮是女孩子们的专利，也是女孩子们最热衷的事情。孩子，自从前几年你悄悄买来第一支唇彩开始，妈妈就

发现你的这种追求美的意识已经开始苏醒了，这让妈妈很高兴，你终于可以不再像一个假小子一样到处疯跑了。但是孩子，说实话，当你第一次画出一个完整的彩妆，问我好不好看的时候，我当时有种不知道该说什么了的感觉。孩子，我知道那些非主流的女孩子就是喜欢像你这样把眼睛弄得尽可能的大，把嘴巴弄得尽可能的小，据说这样看上去更有不食人间烟火的味道。但是请恕我直言，我想大多数正常的人都和我一样很难看出美在哪里吧？眼睛大了又怎样？嘴巴小了又怎样？这样的美，怎么可能给人留下印象？又怎么会凸显出个人的气质？孩子，如果你不想成为一个木偶人，那么就从现在开始，别跟风，找回属于自己的个性。无论是穿衣服还是化妆，都要注意展示出你的个性，让你的气场强大起来，这是一个很基本的东西。

说到这里，妈妈就要和你说说气场的问题。那么什么是气场呢？在妈妈的理解里，气场是从内而外散发出来的，它不是说你穿上某种衣服就可以显摆出来的，而是一种来源于内心的独立、自信、坚强。一个人内心强大，才会有气场。有气场的人即便是身材不够高、妆容不够美，站在人群中也会卓尔不群，颇为引人注目。一个气场强大的女孩子往往会让人不得不重视并刮目相看，所以很多女孩子在成年之后都会注重让自己的气场更强大。所以，孩子，如果你也想做一个有强大气场的人，那么就应该更加自信、独立起来，多读书，腹有诗书气自华，一个对世界有独到看法和认知的女孩内心才能更丰满。说到这里，你可能会说，妈妈，以后我会好好读书，让自己自信、独立、气场强大。但是现在我们说的问题是我穿衣服和化妆，你和我说气场干什么呢？

其实，孩子，有一点我要再次强调，一个人的衣服、妆容、配饰其实就是她的形象代言人，你可以不说话，但是别人依然可以从你的着装打扮上对你产生特定的认知。没错，气场的确是由内而起的，但是如果一个人穿着不合适的衣服，那纵使有再强大的气场，也会被遮盖起来。就像你之前所选择的蓬蓬裙，的确很少女，但是这样就掩盖了你的气质。

其实，孩子，你渐渐长大了，以后就尽量不要去穿这些太过烦琐的衣服。你必须明白，真正能让你更漂亮、更有气场的，往往是那些看上去很简单的服饰。这些简单大方的服饰往往会让你整个人凸显出来，进而让你的气场更强大。

教子小贴士

1. 告诉孩子爱美也要有个性

面对孩子盲目跟风的穿着打扮，妈妈要告诉孩子，真正的美应该是有个性的美，只有那些美得有个性的女孩子才能给人留下深刻的印象。所以，在化妆或者选择衣服的时候，都应该有自己独特的见解，衣着打扮都应该有自己的特色。

2. 告诉孩子气场要内外兼修

妈妈要告诉孩子，每一个能够给人留下深刻印象的女孩子都是个性的，她们都有自己独特的气场，而气场由内来自自信自立，进而通过有品位的个性装扮表现出来。妈妈可以列举出孩子比较熟悉的一些名人进行分析，让孩子好好体会到怎样才能形成气场，这样在其长大之后便会受益无穷。

37.

用直觉选择色彩，别人有建议权没有决定权

孩子，今天妈妈整理衣柜，从衣柜的最下面找到了那件你两年前买来的紫色风衣，我仔细看了看，发现连吊牌都没有拆掉，这不禁又让我想起当时的情景：我们和表姐一起去逛街，你很喜欢那件米色的衣服，但是表姐却喜欢另一件紫色的，她说那件紫色的最好看。因为表姐的穿衣打扮一直很有品位，是你心目中的偶像，所以你便选择了那件紫色的衣服。但是真的买回家穿上身，你才发现，你一点都不喜欢这件衣服，在你的衣橱里也找不到一件可以和那件衣服搭配的下装，于是它就被无限期地束之高阁了。这又是一个因为听从他人建议而做出错误选择的例子。今天，妈妈就要和你说说关于服装的色彩选择的问题。

1000 个人心目中有 1000 个哈姆雷特，同样地，1000 个人心中

也有 1000 种审美观。所谓审美观，可能会随着时间的推移、见闻的增加而改变，但是在某一个时期内，它还是比较稳定的。可能我们不能说出我们的审美观是怎样怎样的，但是它却会在我们选择色彩装扮的时候表现得淋漓尽致，也就是说，你第一眼就喜欢上的那个颜色往往是最适合你的。

也许你觉得妈妈说的有些玄乎，照妈妈的说法，那我不就成一个天才的色彩师了吗？当然不是，你所做出的选择，只是你自己审美观和个性的反映，所以除非经过特别的学习和训练，否则你是不大可能会为别人做出最合适她的选择的。也就是说，你是你自己最天然、最准确的色彩选择师，这是人的心理决定的。

孩子，你知道吗？一个人喜欢什么样的颜色，其实是由个性来决定的。如果一个人性格比较开朗直爽，待人热情真诚，对生活和未来都充满了希望，乐于接受新鲜事物，那么潜意识里会对黄色比较感兴趣，而黄色，恰恰可以让一个人看起来充满热情和活力，能够很好地凸显出他这方面的个性。如果一个人意志坚强，比较理性，对于选择好的事情敢于坚持下去，那么潜意识可能会比较钟情于绿色，而这种色彩给人的感觉，往往是理性、平和和缺少变化。如果一个人不喜欢争斗，喜欢和平安定，那么会倾向于选择蓝色，而蓝色往往会给人能够信赖的感觉。如果一个人喜欢追求浪漫，多愁善感，那么他可能就会更喜欢紫色，而紫色给人的感觉就是浪漫和不成熟。如果一个人喜欢把自己的心事藏在心底，总认为这个世界上有太多不合理的事情，那么在选择色彩的时候也会更倾向于选择黑色，而黑色给人的感觉就是神秘消极和不可碰触。妈妈在前面曾经说过，一个人选择适合自己的装扮之前要先辨明自己的心性，一个人对颜色的直觉选择已经将自己的心性展露了出来。所以，妈妈说了这么多，相信你已经明白，选择色彩根据自己的直觉来，其实是很科学的，根据直觉选择出来的颜色往往会很好地体现出一个人的心性。

妈妈还记得有一年流行豹纹，之后豹纹就成了流行趋势，大街之上随处可见豹纹服饰，十个女孩里，至少有五个有豹纹装饰物。但是结果怎么样呢？很多原本衣着很有范儿的女孩也因为中了豹纹的毒而风格全无。所以，杂志传媒对于所谓流行色的剖析，你看看就算了，千万不要作为自己选择色彩的标准，你的色彩还是应该由你自己做主。

妈妈说了这么多枯燥的话，可能你已经觉得很无趣了吧？好吧，归结到根本上，那就是在色彩的选择上，你一定要相信自己的直觉。

教子小贴士

1. 告诉孩子直觉就是审美观最真实的表现

面对孩子总喜欢听从外界看法进行色彩选择的现象，妈妈要告诉孩子，可以参考别人的观点，但是却不一定要按照别人的观点来做选择，根据自己的直觉选择出来的色彩往往是最适合自己的。

2. 告诉孩子色彩反映着人的心性

妈妈要告诉孩子，人对服装款式、剪裁、造型、搭配等的设计需要后天学习、渐渐养成，但是对于色彩的直觉却是最准确的，一个人有什么样的心性就会对相应的色彩产生感觉，所以选择色彩要相信自己的直觉。

38.

漂亮不能跨界，每个年龄段的美都不容错过

今天收拾衣服，连同多年以前的一件缀满了花朵的白纱裙也找了出来，小小的，很可爱，那是你小时候的衣服。你拿在手中，啧啧称奇，原来你也曾经是个可爱的小萝莉啊！穿这么可爱的衣服。你翻来覆去地看了一会儿，又放在身上比画了一下，然后突然说道：妈妈，如果现在还有这样的衣服我一定去买一件，你看，多漂亮啊！听了你的话，有那么一瞬间我没有反应过来。没错，对于一个小婴儿来说，那件衣服的确很漂亮，但是若放大了穿在一个像你一样的花样少女身上，我想那效果一定很让人难受。孩子，你必须明白，一个女人在不同时期应该有不同的美，这样的人生才是完整的、不留遗憾的，漂亮是不能跨界的。接下来，妈妈要和

你说的，就是这样的一个问题。

身为女孩，实在是一件值得庆幸的事情，我们不用和那些男孩子们一样，每天穿着大同小异的黑白灰，我们可以选择自然界中最美的颜色，也可以选择各式各样的款式，这是多么有意思的一件事情啊！这个世界，正是因为有了女孩子们的存在才变得更加美丽和富有色彩，所以，女孩生来就是要漂亮的。

小时候，女孩的漂亮是纯真可爱，她们可以穿白纱裙、蓬蓬裙，戴夸张的发饰，踩着五颜六色的小皮鞋，像个小公主一样；

少女时代，女孩的漂亮是青春甜美，她们可以很淑女，可以很灵动，简简单单的装饰就能把青春的美挥洒得淋漓尽致；

青年时代，女孩的漂亮是明艳照人，她们可以很妩媚，可以很贤淑，无论是职业装还是居家服都不能掩盖那盛放的美丽；

中老年时代，女孩成了长辈，那种漂亮少了些外在，但是气场强大起来，漂亮表现出来的是知性和优雅，岁月沉淀出来的气质格外迷人。

孩子，看到了吗？在人生的不同阶段，人的美表现出来也是不一样的。所以，为了你的人生更完满，在人生的每个阶段，我们也应该根据我们的年龄对我们的装扮进行一定程度上的调整。

孩子，还记得那次我和你去表姑妈家里做客的事吗？那时候我们刚刚从外面回来，又累又渴，所以没有提前打电话就去了表姑妈家。表姑妈应声开门，可是门打开之后你却忍不住笑了。表姑妈穿着一件缀满了花边的裙子，没错，那件衣服还算漂亮，但是现在它突然出现在了表姑妈的身上，让你感觉很是突兀，看上去真的是太不和谐了。是啊，表姑妈虽然年纪不大，但是怎么也是个中年人了，怎么竟然穿了一件这么青春的衣服呢？表姑妈好像也觉得有点不好意思，说道："啊，我没想到你们会来啊，刚刚一直在收拾房间，所以就随便翻了一件旧衣服出来，真是……"表姑妈越说越觉得不好意思，"我还是去换件衣服，然后去买点儿菜，做点饭给你们吃啊！"说着就进屋换衣服去了。当表姑妈再次走出来的时候，你才觉得顺眼了许多，因为她已变成了那个优雅又有气质的人了。后来吃了饭，回到家，你很感慨地说："看来什么年龄段的人就要穿什么年龄段的衣服，不然就算衣服再漂亮，也会变得很丑。"

直到现在我还很清楚地记得你曾经说过的话，孩子，其实你早就已经意识到了漂亮不能跨界的问题了，只是到了自己的身上就糊涂了。还有我们隔壁的王奶奶，她是一个总喜欢赶时髦的、不服老的老太太，虽然已经六七十岁，但是依然很喜欢穿艳色的衣服，仅仅红色的毛衫就有好几件。对于自己的装扮，王奶奶总是很诙谐地号称自己要"抓住青春的尾巴"，在她那里，好像青春真的被延长了一样。王奶奶的美，是跨越了年龄界限了吗？当然没有，其实只要你仔细观察一下就能发现，其实王奶奶的衣服虽然鲜艳，但是款式却都是老年款的。试想一下，如果王奶奶穿了年轻人的长衫和牛仔裤，那么肯定是不能被人接受的，至少我是不能欣赏的。说了这么多，还是要回到我们开始说的那个问题，一个女孩子，无论到什么年龄都要有符合自己年龄段的美，硬要跨界的话，只能让自己成为别人口中的谈资和笑柄。

教子小贴士

1. 告诉孩子每个年龄段都要有自己独特的美

如果孩子总是想着像大人一样化浓艳的妆容，穿成熟或花哨的衣服，妈妈就要告诉孩子，跨界的漂亮其实一点都不漂亮。把自己打扮得成熟了，却没有应有的气质，只能显得俗气。把自己打扮得花哨了，不但没有了应有的朝气，还会显得着装没有品位。

2. 告诉孩子选择的衣服要和自己的年龄段相符合

妈妈可以通过一些不恰当装扮引起的笑话来告诉孩子，一个总是想展示跨界漂亮的女孩子往往会沦为笑柄。所以孩子在选择衣服的时候一定要选择那些和自己年龄段相般配的，并在以后的成长中慢慢调整自己的着装风格，让自己在不同的年龄段展示出不同的美，这样的人生，会永远漂亮不落伍。

第六章
女儿，你真正想要的是什么

长久以来，很多人都在宣扬真理的重要，但大多数人却难以具备那种探寻真理的执着。因此，作为现在的你，一定要先考虑一下你需要什么，真正想得到的是什么。假如这一切真的那么重要，就千万不要轻易放弃，坚定地将这条路走下去。

39.

女孩儿要做梦想家，也要是个实践者

孩子，那天你告诉我你想做一个医生，因为你想要学到最精湛的医术，把姥姥的病治好。说实话，妈妈听到你的话，特别高兴和骄傲，为你有这份孝心，也为你有一个梦想。孩子，今天妈妈就想和你说说梦想与现实的话题。

这个世界上，许多人都有梦想。什么是梦想呢？就是自己将来想做什么。一个有梦想的人生才是有希望的人生，在追逐梦想的过程中，你会体会到辛苦，但是同时，当你有所收获的时候，你也会很快乐。这就是梦想的力量。

对于很多人来说，一个人人生的高度是由梦想支撑起来的。一个有着远大梦想并敢于努力的人，往往能够扩大自己的视野，获得更大的成功。相反地，当一个人的梦想仅存于地面的时候，那么他的人生就注定平庸。一个女孩子，活得应该如骄傲的水仙，追求属于自己的一片阳光，而不是做一棵依附在男人身上的藤蔓，根据别人的形状来改变自己。一个有梦想的女孩，身上永远充满着魅力，看看下面的故事你就明白了。

　　说起美籍华人靳羽西的名字，你可能觉得有些耳熟，没错，她就是著名化妆品品牌羽西的创始人。靳羽西小的时候，她的父亲问起她的梦想，小小年纪的靳羽西回答说她希望能进入宇宙空间。这时候，她的父亲同她说了一句影响她一生的话："你要做第一个进入宇宙空间的人，而不是第二个、第三个，因为人们永远不会记住第一个人之外的名字。"受这句话的影响，靳羽西以后无论做什么事情，都是努力另辟蹊径，争取做第一个，也正是因为有这样的梦想，靳羽西在她的人生中创造了无数个"第一个"。

　　在成为一名著名的节目主持人之后，靳羽西并没有停止她前进的脚步，她想做一种专供亚洲女性使用的化妆品。因为在当时，化妆品高端市场一直被欧美品牌垄断，但是欧美化妆品并不是针对亚洲人研制的，靳羽西就想要填补这个空白，做出专供亚洲人使用的化妆品。这个梦想在当时的许多人看来都是遥不可及的，很多人不能理解，一个功成名就的主持人，本本分分地去主持自己的节目不好吗？为什么要自讨苦吃呢？但是靳羽西并不为外界的评论所影响，她要挑战自己。正是靠着这种精神，靳羽西获得了许多人难以企及的成功，也拥有了许多人穷尽一生都不可能拥有的财富。同时，靳羽西也因其修养、观念以及为人处世的态度荣登"世界最有魅力的女人"宝座。靳羽西的魅力，源于她对梦想的追求，心中有梦想的女人，永远都是充满了活力的，这样的女人即便是到了五六十岁，也可以保持青春的活力。

　　孩子，看到了吗，梦想就是有这样的力量，不要觉得你不能。

在这个世界上，别人能做到的，你也一样可以做到；别说自己不可以，女孩子就要做一个梦想家。

当然，做梦想家很容易，但是如果只有梦想而不为之努力，那你就变成了一个空想家，你的梦想也就成了白日梦。有了梦想，就要脚踏实地地去做，通过努力减少现实与梦想的距离，梦想才能最终实现。

在英国，有一个小学老师，他曾经给学生们布置了一篇作文，作文的名字叫"我的梦想"。孩子们在作文中写下自己的梦想，有人梦想成为一名工程师，有人梦想成为水手，有人梦想成为医生，其中有一个残疾孩子写下了自己的梦想——成为内阁大臣。老师很吃惊，因为在英国的历史上，从来没有一位残疾人进入过内阁。他让男孩子换一个梦想，男孩子拒绝了，他坚持自己的梦想是成为一名内阁大臣。50年以后，这位老师再次翻看学生的作文，心中突然冒出一个大胆的想法，这么多年过去了，孩子们究竟有没有实现自己的梦想呢？在一家报社的帮助下，老师终于刊登了一则启事，希望当年的学生们把目前的职业和联系方式给自己，那么自己将会把他们小时候的作文簿寄给他们。很快，雪片一样的信件送到了老师的手中，老师拆开一封封信，学生们有的实现了自己的梦想，有的则做了别的行业。老师也遵从诺言，把他们的作文簿寄还给他的学生们。最后老师的手中仅剩下一本作文簿，就是那个曾经梦想成为一名内阁大臣的残疾男孩的。老师想，这个男孩大约已经死掉了，还是算了吧！令人惊奇的是，几天之后一封来自内阁的信寄到了老师的手中，信中说："我当初的梦想是成为一名内阁大臣，不过我想我已经不再需要那本作文簿了，因为从我在本子上写下自己的梦想时，我就从来没有停止过为实现这个梦想而奋斗，现如今我的梦想已经实现了……"

孩子，从这个故事里，我们没看到这个男孩为了实现自己的愿望付出了多少努力，但是其中的艰辛是可以想象出来的。当一个人专注于自己的梦想并努力去实现它的时候，从某种程度上来说，他已经成功了一半。所以，孩子，妈妈很欣慰你是一个有梦想的人，但是妈妈也希望你也是一个敢于将梦想实现的实践者。

教子小贴士

1. 引导孩子树立一个梦想

在孩子明白什么是梦想之后，妈妈就要告诉孩子梦想的重要性，可以通过一些事例加以佐证，譬如那个阿姨没有梦想，结果浑浑噩噩过日子，一事无成；或者那个阿姨小时候梦想成为舞蹈家，为了实现梦想而努力，最终获得成功受人尊重等。让孩子明白有了梦想才有了奋斗的方向，这样也才能有所成就。当然，如果孩子说自己的梦想是做个强盗土匪什么的，妈妈就要及时加以引导，要让孩子有一个正确的价值观。

2. 告诉孩子有梦想的同时也要是个实践者

妈妈要告诉孩子，有梦想却不行动，那就是白日梦，有了梦想去行动起来才能真正让梦想实现。妈妈可以举例子，譬如一个懒汉，总是做梦升官发财，但是日子却越过越穷，因为他那是白日梦。然后妈妈可以引导孩子，那么懒汉有没有成功的可能呢？当然有啊！只要他不再偷懒，勤勤恳恳。妈妈要告诉孩子，任何梦想都是要通过努力才能实现的。

40.

专注于每一个选择，自信于每一个决定

今天吃过晚饭，你说要开个家庭会议，你的议题是关于你学文科还是理科的问题。爸爸问你，你自己想学文科还是想学理科？你说想学文科，因为大部分女孩子都选择了文科，而且学文科的女孩子都比较有气质。妈妈听了你的话，哭笑不得。妈妈很高兴你有自己的想法，可是你的想法不够成熟，没有认真地对待这一次至关重要的选择。妈妈当时就问你："除了这些，你认为你学文科还有哪些优势呢？"你沉默了，看来你并没有深入地去想自己选择文科的优势在哪里，你只是认为女孩子就应该学文科。后来爸爸妈妈经过分析，觉得你学理科好一点。如果学文科的话，你最讨厌地理，也不喜欢背东西，而且爸爸妈妈一致认为你的逻辑思维要好于你的形象思维，所以建议你选学理科。这件事过去之后，

我就在想，你的身上所缺少的，正是一种自信和独立的精神，今天妈妈就要和你说说这个问题。

人的一生，就是一个不断选择又不断放弃的过程，聪明的人善于做出正确的选择，在关键的时候做出决定并敢于坚持下去，所以他们的人生往往很精彩。而那些从来不敢也不善于做选择的人，往往会让自己的人生走出一些弯路。孩子，在你以后的人生中也会遇到各种各样的选择，或许选择会让你很痛苦，但你千万不要惧怕它，也不要被它困扰，因为每一次选择都是为了更好地成长。面对选择，你要先冷静地进行分析，自己喜好的是什么、擅长的是什么、有没有潜在的能力……从各个方面进行全面冷静地分析，然后才下决定，谨慎地对待每一次选择。为了让你更准确、更容易做出选择，妈妈告诉你几个进行选择的小诀窍：

（1）冷静下来，理智地分析自己面临的选择。女孩都是感性的，很容易被自己的主观情感左右，所以在选择的时候一定要保持冷静的头脑，客观地分析自己面临的几个选择，权衡利弊，找出对你最有利的那一个。譬如你长大之后想要从几个喜欢你的男孩子中间找出一个作为你的男友，该怎么选择呢？第一，冷静下来，告诉自己，不要被虚荣心冲昏了头。许多女孩子都喜欢找帅哥，她们缺少的是虚荣心被满足的感觉，妈妈希望你不要做这样的女孩子。第二，不要被男孩子的甜言蜜语所迷惑。男孩子面对自己喜欢的女孩，甜言蜜语总是来得格外的猛烈，这时候女孩一定要听话听音，分析这个男孩子言语的可信度有多高，然后才能得出正确的结论。第三，从侧面去接触这个男孩子。很多时候，男孩子们会把他最好的一面展示出来，而掩藏自己的缺点，这时候你仅仅通过接触本人是不可能发现他是一个怎样的人的。若想真正地了解一个人，就要看他身边的人，或者看他身边的人怎么谈论他，这样或许依然有失偏颇，但是至少可以让你对他有更深一步的了解。

孩子，还记得朱红阿姨吗？就是那个每次来都抱着你亲个不停的阿姨。她上大学的时候，有两个男孩子追她，一个男孩家庭条件很好，人长得很帅；还有一个男孩，家庭条件一般，长相也一般。当时家里很多人都支持她选那个家庭条件好的，可是朱红阿姨最终却选择了那个家庭条件一般的，当时很多人都不理解，还有人说她傻。但是朱红阿姨却始终坚持自己的决定，因为那个有钱的帅哥是个花心的人，她不缺钱，也不需要一个帅哥。她要选择的是能够踏踏实实和她过一辈子的人，所以她最终选择了那个普通的男孩子。喏，就是你经常看到的那个傻笑着来接朱阿姨的男人。现如今，朱阿姨每次看到朱叔叔就笑得很甜蜜，她的笑容，是从内而外散发出来的。

（2）谨慎地选择之后，就要坚定地走下去，不要后悔。孩子，或许你做出一个选择很难，但是更难的是坚持下去。只要你稍微表现出一点迟疑或是犹豫不决，都有可能让自己曾经的付出和努力毁于一旦。任何一个成功的人都是敢于坚持的，看看国际象棋特级大师谢军的例子你就更能明白其中的道理了。

谢军是享誉世界的国际象棋特级大师，她曾获得多项世界冠军，很多人都羡慕她辉煌的成就，但是很少有人知道，她之所以能够取得这样的成就，完全是因为母亲给了她自主的选择。1982年，12岁的谢军即将小学毕业，但她却面临了两难境地，是升重点中学还是学棋，她举棋不定。学业上，她非常出色，曾被学校评为"三好学生"，学校想保送她进重点中学。但是对谢军来说，象棋上的黑白格局也吸引着她。母亲看出了谢军的为难，把她叫到身边，用商量的语气问："孩子，你很喜欢下棋，是不是?"谢军看着母亲，犹豫了一会儿，最终做出了坚定的回答："是的，我喜欢！而且我想继续学下去。"妈妈听了女儿的话，同意了她的选择，但同时也严肃地说："很好，不过你要记住，下棋这条路是你自己选的，既然你做出了这个重要的选择，那么就不要再犹豫，坚定不移地走下去，负起一个棋手的责任。"从那以后，每当谢军觉得苦了累了想要退缩的时候，便会想起母亲的这番话，她最终还是选择坚定地走下去。靠着这种坚持，谢军终于成了国际象棋界的"皇后"。

（3）做好承担责任的准备。孩子，人生往往鱼与熊掌不可兼得，见什么要什么，想什么是什么，这是贪婪，也是不成熟。你必须明白，当你想要一些东西的时候，必然是要放弃另一些东西的。就拿我们隔壁那个王叔叔来说吧，他以前在深圳是一个大公司的工程师，按照公司规定，工作满五年就可以马上升项目经理，他和妻子也已经在当地买了房子，就打算在那里定居。眼看他在当地工作就要满五年了，但是在这个关键的时候他却犹豫了，原来这个叔叔一直有一个梦想——创办一所学校，自己当老师。如果选择升职，那么他就要一直干下去，彻底放弃自己办学校的梦想；如果选择办学校，那么就要放弃现有的一切重新开始。叔叔和妻子都很犹豫，他们商量了很久，也考虑了很多方面的因素。如果在深圳办学校，有点儿不切实际，一是因为那里的房子租金太贵，租金不贵的地方生源又不够，而且那里的培训机构很多，又都是大型机构，如果他们在那里开学校的话估计没什么竞争力。于是妻子就建议放弃在深圳的一切，回来开办学校，因为老家生源较多，家长都很重视教育，也允许小机构的生存。叔叔同意了，于是两个人毅然决然地放弃了在深圳的高薪工作，卖掉了房子，回来重新开始。他们把卖房子的钱用来当了租金，然后拿出自己多年的积蓄来聘用好的老师，又到处咨询好的教材。学校总算是开起来了，刚开始总是入不敷出，可是经过一段时间的摸索之后，渐渐形成了自己独特的教学风格，得到了家长的认可。现在学校可以说已经有一些规模了，两夫妻的收入也相当可观。孩子，妈妈之所以和你说这件事，只是希望你能明白，很多时候，我们做出一个选择是要付出代价的。一个敢于承担自己选择后果的人才能有勇气走下去，并最终获得成功。

教子小贴士

1. 告诉孩子不要害怕选择

许多女孩因为性格的柔弱性，很难果断地做出选择，她们总是担心选择的结果会是错误的，所以往往人云亦云，为他人的意志所左右，最终选择了一个自己并不喜欢的。当孩子面对选择手足无措的时候，妈妈要告诉孩子：不要惧怕选择，错了也没关系，爸爸妈妈会在你的旁边陪着你。

2. 告诉孩子，思考之后再谨慎选择

孩子因为年龄小，人生观、价值观等各个方面都不够沉稳，很容易冲动地做出选择，面对这种情况，妈妈要及时引导孩子，尽量用商量的语气去跟孩子沟通，让她自己去思考，然后做出正确的选择。

3. 告诉孩子，选择之后，坚定信念走下去

很多时候孩子在做出选择之后，通常会后悔动摇，这时候妈妈就要做孩子坚实的后盾，鼓励孩子走下去，告诉孩子，只有肯坚持的人才能取得成功。

41.

别人说的未必不对，但也未必全对

今天你从学校回来，扔下书包就躲到了房间里，一声不响。我很奇怪，平时你总是和楼上的青青一起回来的啊，怎么今天竟然没有听见青青的声音呢？于是我随口问了一句：怎么没见你和青青告别呢？你听了耸耸肩，说道：从现在开始，我再也不和那个人一起玩了。我觉得很吃惊，平时你们总是形影不离的，有一次青青去走亲戚你还非得跟着去呢，怎么这会儿就不要一起玩儿了呢？你解释道：妈妈，她竟然说一杯热奶和一杯冷奶同时放进冰箱里热奶会先结冰。你说说，这怎么可能嘛！于是我就和她争辩起来，然后我们就都生气不理对方了……原来是你们之间发生了争执。孩子，说实话，我很为你骄傲，因为你已经具备了独立思考的能力，不再像以前一样是个人云亦云的小丫头了，你有了自己的主意。但是，孩子，妈妈今天想说的是，别人说的可能不对，但是也有可能是对的。顺便说一句，在我的印象中，好像真的是热奶先结冰呢！要不，你自己做个实验？

孩子，这个世界是一个神奇的世界，无论是在大自然还是社会生活中都充满了各种各样的知识奥秘。人的一生，就是一个不断学习知识奥秘的过程。从小时候开始，你就是一个学习力和探索欲很强的孩子，和其他的孩子相比，你对"真理"的坚持往往更为执着。孩子，还记得那一年，你三岁，正读幼儿园，在老师的教导下，你学会了许多礼貌用语，见人会说"你好！"也会很礼貌地喊"叔叔""阿姨"，和别人告别的时候，你也会说"再见！"后来我带你去小姨家里玩，临走的时候，我挥着手同小姨说："拜拜！"然后转身要走，你很严肃地说："妈妈，你没有和小姨说再见！"我说："没关系啊，'拜拜'和'再见'一样的！"可是你坚持说不一样，然后一定要让我和小姨说"再见"。说实话，孩子，那时候你的样子，就像个小顽固！现在再来想想，孩子，你还觉得"拜拜"和"再见"有很大的区别吗？是啊，之所以会出现这样的现象，完全是因为在某个时期内我们的知识储备不足啊。

当然，妈妈这样说并不是想告诉你别人说的就全是对的，自己就是错的，而是希望通过这件事让你明白，先别急着否定，因为他说的未必就是错的，如果你觉得他说的不对，大可以回到家查查资料再下结论。而且在这个世界上，每个人的价值观和世界观都是不同的，很多在我们看来不合理的事情对别人来说就是真理，所以，别轻易否定别人。

说到这里，还要提到另一个问题，那就是权威的问题。我们还说你小时候的那个例子，为什么你坚持要让妈妈同小姨说出"再见"那两个字呢？原因很简单，那就是"老师说的"，在你的心目中，老师就是一个权威，老师说的话就是不容置疑的，所以你毫不怀疑地相信了。但是孩子，你必须明白，在你以后的成长道路上，你会遇到更多的权威，每个行业都有权威，他们还有一个名字叫专家。所谓权威或专家，大多是一些在某个领域里研究问题和认知较为透彻的人，他们的见解的确比一般人要深，所以在很多时候，我们都喜欢听专家的意见。但是专家的话是不是就完全正确呢？当然不是！孩子，以后你渐渐长大，也会有更多的机会与那些专家的建议或者见解发生碰触，这时候专家的话不一定就是对的，你的见解也不一定就是错了，这一点你千万不要质疑。

不信，看看下面的实验你就明白了。

有一个心理学家到某个学校去做一个实验，他以一个物理学家的身份把一个班级的学生全部召集起来，然后告诉他们自己要做一个挥发性气体实验，为了能更准确地测出挥发性气体挥发的速度，他要求每个学生在闻到气味的时候立刻举起手来。同学们都同意了。心理学家见同学们都做好了准备，便拿起一个广口杯，打开了瓶塞。结果最近的一个学生很快举起了手，紧跟着是第二个、第三个……最后全班的同学都举起了手。其实心理学家拿着的广口杯里装着的只是普通的蒸馏水，没有任何气味可言，但是同学们却因为他的身份而怀疑自己的感觉，轻易地相信了他。

看到了没，孩子？在对外界事物进行判断的时候，你一定要有自己的观点，不能人云亦云，也不能完全不信，凡事有自己的主见，又能听得进别人的建议。因为一个人的精力终究是有限的，是不可能把知识全部弄清楚的，所以认知有盲点也是必然的事情。所以我们可以听别人的意见和见解，但是同时也要有自己独立思考的能力，这样你以后走的人生弯路就会减少许多。

教子小贴士

1. 告诉孩子不要觉得自己总是对的

如果孩子出现总是反驳、质疑别人言论的现象，妈妈要告诉孩子，这个世界上有许多知识是她不知道的，所以别人所说的话未必就是错的。不要以想当然的态度去对待外界事物，人可以有自己的主见，但是闭目塞听、狂妄自大是不对的。

2. 告诉孩子也不要太相信权威

孩子接触的人越来越多之后，心目中一定有一个偶像或者尊敬的长辈，对她来说，这些人说的话就是绝对正确的，她会深信不疑。但是，受见闻和认知的影响，每个人的见解都不可能是完美的，可能会具有一定的狭隘性，更何况还有一些假专家、伪权威。孩子在听专家的建议或者见解的时候也要留一点自己思考的空间，不能全盘接受。

42.

只要决定去做的事，就绝对不能虎头蛇尾

孩子，今天放学的时候，你像快乐的小鸟一样跑回来，进门就抱着我，迫不及待地说："妈妈，告诉你一个好消息，我被选为校田径队的队员了！"妈妈听了一方面为你开心，一方面也有点担心，开心的是你期待已久的愿望终于实现了，可担心的是，田径队员训练的时候会很辛苦，每天要早早地爬起来去跑步，平时要进行各种训练，尤其是冬天。以前，一到冬天，妈妈要喊你好几遍，你才能起床，可是加入田径队后，不管多冷的天你都不

能再赖床了，你坚持得了吗？所以当时妈妈就看着你的眼睛问了你一句："孩子，你决定了吗？"你肯定地说："是的妈妈，我决定了！"看着你那笃定的神情，我由衷地笑了。孩子，原来在不知不觉之间你已经长大，有了自己的主意。不过，为了防止你那做事虎头蛇尾的毛病复发，妈妈现在就同你再说说坚持的话题。

孩子，要想办成一件事情，切忌半途而废，半途而废的人永远也不会成功。还记得妈妈曾经同你说过的小雅阿姨吗？她一直的梦想就是自己写一本小说，她确实很有才华，班里每次考试，作文都是她写得最好，老师也老夸她，说她想象力丰富，说她有当作家的天赋。大一一开始，她就开始筹备她的第一部小说了，她首先给我们讲了她要写的东西，我们听了都很感兴趣，觉得这应该是一部很好的小说，于是都为她加油打气。刚开始的一个月，她每天都坚持写上几页，可是后来因为学业不怎么忙，好多朋友都开始出去上网看电视去了，她也开始坐不住了，觉得过段时间再写吧，于是她就把写了一半的小说丢在那里放松去了。玩了几个星期后，她想起来还没有写完的小说，就坐下来打算接着写，可是却发现自己当初的灵感消失了。后来实在是写不出来，只好放弃了。我们都为她感到可惜，多好的题材就这样被扼杀了。直到现在，小雅阿姨还在为没有坚持写下去而后悔。所以，孩子，通过小雅阿姨的例子你就应该明白，不管你做什么事情，切忌半途而废，即使你想重新开始，可是当时的状态、情绪、灵感等都不在了。所以，孩子，不管你以后做什么，无论你做的事是多么微不足道，都要记住不要半途而废，决定了就一口气做完。

女儿，以后你长大了，不管是在爱情上还是进入职场，都要保持这样一种坚持到底的态度。在爱情上，选择了一个人，就不要左顾右盼，既然你已经选择了和一个男孩子交往，那么不管身边出现多么优秀的男孩子都不要再动摇，一心一意地对待你选的那个人。职场上也是同样的道理，也许你拥有的工作和你的预期会差很多（当然，妈妈希望你找到你喜欢的，可是人生不是什么都能如愿的），这个时候不要气馁，只要你选择了，就好好做，投入你的热情，你就会有意外的收获。就像一位名人所说的那样："一根钉子也有它放光发热的地方！"看了下面的例子或许你会理解得更加透彻。

妈妈有一个大学同学，从小就是一个文静的女孩，她很喜欢看书，爱安静，最热闹的时候也就是叫上一两个朋友喝茶聊天。她的梦想是当一名大学老师，但是大学毕业后，偶然的原因，她最终没有做成老师，而是进了朋友的公司做起了销售助理。没有工作经验，又缺乏对工作的兴趣，她在这家公司的日子过得非常痛苦。第一次鼓足勇气拜访客户就被人毫不留情地拒绝了。自小生活在父慈母爱环境里的她一向自视很高，从来没有尝过被人拒绝的滋味，她感到既委屈又挫败。同事纷纷安慰她，可这样的安慰让她感到更辛苦。她想放弃了，可一想起做决定时的决绝以及这一个多月的学习和投入，就这样放弃她实在是不甘心，既然别人可以做到，那么她也一定可以！于是不服输的她再次开始了挑战，两个月后，她迎来了自己的第一个客户。有了好的开始，她对自己的工作越发地有信心了。之后她对公司的产品和市场进行了全面的了解，虽然不是科班出身，但是本身的学习能力使得她快速理解了公司的运作流程。同时，她还经常约同事出去吃饭聊天，为的是收集信息，给以后的工作提供便利。经过一段时间的工作之后，她发现自己变了，曾经文静的女孩变得能说会道了，能够和客户拉家常了，而且以她的亲和力赢来了很多客户的好评。现在的她已经是大客户经理，每当她和妈妈聊到自己的这段经历时常常感叹，是当时的不放弃成就了今天的她。所以，孩子，职场不相信眼泪，想要成功，就要下定决心，投入热情，杜绝心不在焉，这样成功才会降临到你身上。

所谓"锲而不舍，金石可镂；锲而舍之，朽木不折"。这句名言告诉我们，做人的关键在于要有恒心，目标专一，持之以恒。一个人如果想要有点成就的话，就必须要有恒心，不能半途而废。伏尔泰曾经说过："要在这个世界上获得成功，就必须坚持到底，剑至死都不能离手。"任何人成功之前，都会经历许多次失败，如果你放弃了，你就放弃了一个成功的机会，因为轰轰烈烈的成功之前的失败，往往离成功只有一步之遥。自古以来，那些所谓的英雄，并不是比普通人更有运气，只是比普通人更有坚持到最后的勇气罢了。

教子小贴士

1. 让孩子懂得坚持不懈的重要性

对孩子坚持做事的习惯，家长应给予及时鼓励，要求并督促孩子将每一件事情做完。锻炼孩子的意志，家长要有决心和恒心，要舍得让孩子吃苦。

2. 培养孩子做事有计划、有目的

培养孩子坚持不懈的精神，是一个循序渐进的过程。开始，家长可帮助孩子做计划，但事先应征求孩子的意见。待孩子有了初步的计划意识，就可以逐渐让孩子自己学着安排自己的事情。在此活动中，关键是让孩子坚持，及时发现孩子的兴趣，培养孩子的毅力。

3. 给孩子制定目标、任务要适宜

由于孩子年龄较小，思维尚处于具体形象思维阶段，因此，家长在为孩子制定目标、任务时，应尽量与孩子的实际活动能力相适宜，并与孩子的身心发展相一致。如果家长制定的目标、任务低于或高于孩子实际所能承受的能力和范围，均不利于孩子坚持不懈品质的形成和孩子可贵毅力的培养。

43.

不管别人怎么看，你的每一天都要精彩

孩子，暑假的时候你告诉我要去做一名志愿者，帮助那些农村留守儿童补习功课。说实话，孩子，我真的很高兴你有一颗公益之心。第一天，你兴高采烈地出去，回来的时候却是垂头丧气的。我问你怎么了，你说自己再也不想去了，因为当你出去召集孩子们补课的时候，却遭到了一些人的恶意中伤，他们不相信你会那么好心，一分钱不收就帮助他们补课。还有几个家长拒绝让孩子去参加你的补习班，宁肯让他们留在家中看电视。孩子，当你说这些话的时候，眼眶都红了。妈妈心里也很不是滋味，但是妈妈还是想说，做你想做的事吧，不管别人怎么说，你的每一天都要精彩。

孩子，还记得你小时候妈妈给你买的那件新雨衣吗？上面有一只可爱的小猫，帽檐上还点缀着一些小花，你看到它的第一眼就喜欢上了，虽然那时候还没有下雨，但你还是喜滋滋地穿在身上，高高兴兴地转了好几个圈。自从拥有了那件雨衣，你就天天盼着下雨，因为在下雨天你就可以穿着那件衣服出门了。终于下

雨了，你早早地起来，欢欢喜喜地把那件衣服穿上身，然后同我道了再见。但是，孩子，到了中午回来，你就死活不愿意再穿那件雨衣了，执意要打着伞去上学。我问你为什么，你咬着嘴唇不说话，过了一会儿，你说，妈妈，我穿这件衣服，别人老是看我，对着我指指点点，所以我不想再穿了。说实话，孩子，当时我真想好好地批评你一顿，不过看你那个样子，我还是好言安慰了一番，告诉你，别人看你是因为你的雨衣漂亮又别致，别的小朋友都没有，他们羡慕你才看你的啊！最后你终于勉为其难地穿上走了。但是后来那件雨衣就没了踪影，我不知道是真的丢了，还是被你藏了起来。妈妈今天之所以翻出这笔旧账，就是想告诉你，和小时候相比，你几乎没有进步。但丁曾经说过："走自己的路，让别人去说吧！"一个总是在乎别人怎么看的人注定要永远生活在别人的目光里。其实，爸爸妈妈在意的并不是你能多有出息，我们唯一希望看到的，就是你能够把自己的生活过得精彩，不被外界的言语和目光所影响。这是世界上许多拥有精彩人生的女人所拥有的共同特征。

还记得妈妈给你讲过的吴士宏的故事吗？吴士宏是中国内地第一个成为跨国信息产业公司的中国区总经理的人，也是华人著名的"打工皇后"，名声、地位、财富……所有大家渴望拥有的东西她都有了，除了这些，她还有一个精彩而幸福的人生。其实，生活光鲜的吴士宏，小时候家庭条件并不好，读书读到初中就辍学了。但是吴士宏有一点是跟别人不同的，那就是她一直都知道自己想要的是什么，无论别人怎么看，都阻止不了她追求自己的梦想。吴士宏读书的时候，因为她知道自己外貌不出色，想要拥有精彩的人生，只能靠着出色的成绩。所以吴士宏学习上总是尽心尽力，是班级里成绩最好的女孩。但是，因为环境的因素，吴士宏在初中的时候被迫辍学了，成了一名护士。经过一年的工作，吴士宏厌倦了护士生涯，她觉得自己不应该这样浑浑噩噩地过下去，于是从那时候开始，她在下班之后，通过收音机刻苦学习英语。当时很多人都不理解，工作好好的，干吗还要那么累呢？安安稳稳地工作不是挺好的吗？但是吴士宏完全不受影响，她知道自己想要什么样的人生，所以不管别人怎么看她，她都依然苦学英语。一年之后，吴士宏参加成人高考，获得了英语大专学历。此后不久，她鼓足勇气进了 IBM 公司的北京办事处，因为出色的英语能力，她被通知一个星期后进行复试，复试的内容是打字。吴士宏从来没有打过字，但是她还是很快向亲友借了钱，买了一台打字机，不停地练，到了复试的时候，竟然已经达到了打字员的水平，就这样，吴士宏走进了 IBM。但是刚刚进入 IBM 的时候，吴士宏只是一个极不起眼的小职员，当时 IBM 人才济济，根本没人把这个只有初中文凭的小职员放在眼里，她的工作就是一些杂活，这不是吴士宏想要的生活。于是她很快又向一个熟悉的高层申请"助理工程师"的职位，神奇的是，她竟然考过了。随着业绩的提升，她渐渐地被重视起来，成了公司内的"销售状元"。就这样，吴士宏靠着自己的坚持一步一步地走到了微软（中国）

公司总经理的位置。

吴士宏的成功，很大程度上源于她的乐观、自信与坚持，不为外界看法所影响的态度。孩子，从现在开始，做自己想做的事情，不要为别人的目光所左右，走自己的路，你的人生才能更加精彩。

教子小贴士

1. 告诉孩子别在意别人的看法

面对孩子总是关注外界对自己眼光的态度，妈妈要告诉孩子，一个人想要有精彩的人生，就不能在意别人的看法。走自己的路，别人怎么看是别人的事，他们怎么看并不会对自己的人生产生影响。如果孩子总是担心别人怎么看自己，那么不仅会消耗掉大量的精力和时间，还会影响自己的情绪，甚至有可能会让自己丧失前行的动力。

2. 告诉孩子精彩的人生掌握在自己的手中

妈妈可以举一些名人或者生活中的例子，通过这些例子告诉孩子要敢于坚持自己的信念，在需要做决定的时候就要勇敢地做出决定。只有勇敢地追求自己的理想、不为外界目光所动的人才能拥有精彩人生。

44.

即便面对非议，也能奏出动听的旋律

　　孩子，昨天你回家时无精打采，像个被霜打过的茄子。妈妈问你怎么了，你沮丧地说："我并没有跟老师打同学的小报告，但同学们都不相信我……"说着，你的眼泪扑簌簌掉了下来。孩子，看到你这样，妈妈万分心疼。生活在这个世界上难免会遭到别人的议论，如果对别人的每一句话都这么在意，那你以后会多么痛苦啊，妈妈今天就告诉你如何正确地对待非议。

　　不管是在繁华的都市还是安静的乡村，人都是以群体形式存在的，不可能独自一人生活。小时候有父母、亲属、朋友，长大后又有了同事或生意伙伴，我们与这么多人相处，必然会给他人留下一个印象，当然你希望这个印象是正面的，但是一个人总能得到别人正面的评价是绝对不可能的。举例来说，在与朋友交往中，当朋友提出非分要求时，你不会也不应当为了讨好他而满足他的要求。既然你不可能满足所有人的要求，那么必然会引起别人的不满，被人负面评价就在所难免，又何必在意呢？

　　孩子，你还没有真正踏入这个社会，看到的世界还是很单纯的，可能受到一点议论或者听到一点别人对自己的负面评价就觉得到了世界末日。其实当你步入成人的世界，会发现这点小委屈根本不算什么。这个世界上没有一个人不是活在别人的非议中，你越在意别人的评价，就越容易陷入失落的情绪中。当面对别人嘲弄的非议，你要淡然一笑，置身事外；面对诋毁人格的非议，你要保持清醒，用事实说话。总之，面对非议最不能有的就是气愤和冲动，否则就正好中了造谣者的圈套。孩子，让妈妈给你讲讲史玉柱的事迹，相信对你会有帮助。

说起史玉柱的故事，可以用三个传奇来概括。他从一个小公务员变身成为福布斯富豪榜上的第八名，这是一个关于成功的传奇故事；他从一个福布斯富豪榜上的第八名沦为负债两亿元的"中国首负"，这是一个关于落魄的传奇故事；他从一个负债两亿元的"中国首负"到身家 500 亿元的大富豪，这又是一个关于东山再起的传奇故事。

1962 年，史玉柱出生在安徽怀远一个普通的工人家庭，小时候的史玉柱十分喜欢数学，他那时候最大的愿望就是成为一个像陈景润一样的大数学家。正是带着这样的想法，史玉柱考进了浙江大学数学系。但是在真正接触到数学的世界之后，史玉柱发现了这样一个事实，那就是真正的数学是很难的，而他在数学上的天赋并不高，所以后来他选择了转向，从学习纯数学转向计算机数学，这次转向为他以后从事 IT 行业打下了基础。

1984 年，史玉柱大学毕业，成了安徽省统计局的一名公务员，在当时，计算机技术在中国还只是处于起步阶段，统计计算还是全人工的，根本没有什么可以进行统计分析的软件。对计算机编程比较熟悉的史玉柱很快设计出了一种统计软件，用短短两天的时间干完了需要20个人干一年才能干完的活。闲下来的史玉柱根据自己统计出来的数据写了一篇关于农村经济的文章，文章刊出后，被安徽省副省长看到了，他觉得史玉柱是个人才，于是推荐他去深圳大学读研究生。

在深圳，史玉柱的思想受到很大冲击，他觉得将来整个中国都会像深圳一样，市场经济的风潮必然会蔓延至全国，此时正是创业的最佳时机。史玉柱想到就去做，他辞去稳定的工作，带着4000元钱和一套刚刚研究出来的汉卡去了深圳。那时候内地的环境还很封闭，所以史玉柱离职的时候，很多人扬言他会吃足苦头。但是史玉柱并没有被那些非议吓倒，他来到深圳，把所有的钱都投入到汉卡的研制和生产中，没有钱的时候就啃方便面，在短短的五个月时间里，史玉柱研究出了巨人汉卡 M－6402。靠着敢想敢做的劲头，史玉柱打开了一片天，到1992年，史玉柱的巨人汉卡位居全国汉卡销量第一位，也正是靠着销售汉卡，史玉柱的个人资产达到了1.6亿元。这时候的史玉柱开始全面发展他的事业，"脑黄金"就是在他事业做起来之后的一个产品。做IT的人跑去做保健品，这在很多人看来都是一个不靠谱的主意，但是史玉柱还是去做了，只要他认准的事就去做。"脑黄金"推出之后，的确为史玉柱带来了巨大的效益，史玉柱的巨人事业版图越来越大。但是天有不测风云，巨人遭遇资金链断裂，史玉柱也从云端跌到谷底，从富翁变成了"负翁"，史玉柱受到了人生中最重的一次打击。

但是史玉柱并没有被这次巨大的打击打倒，痛定思痛，他决定站起来，这时候他身边的团队没有人离开，所有人依然看好他。史玉柱没有钱给他们发工资，他们依然不在意。深思熟虑之后，史玉柱决定从风险小、收益高的保健品下手，力图东山再起。他为自己的新产品取名"脑白金"。"脑白金"成功了，史玉柱成功东山再起。靠着卖"脑白金"挣的钱，史玉柱重新杀回 IT 行业，开始开发各种游戏。如今的史玉柱早已重新回到了亿万富豪之列，达到了他人生的第二个高峰。

孩子，看完这个故事，相信你已经明白了如何看待别人的非议。其实没有人可以逃过别人的非议，不管是批评还是蔑视，因为一个人不可能满足所有人的要求，你不可能让所有人都喜欢你。面对非议，你一定要保持清醒的头脑，不为别人空穴来风的污蔑而气愤，不为恶意的嘲笑而情绪低落，更不能失去自信；面对非议，你要采取置之一笑的态度，让事实说话，因为时间才是检验一切的良方，随着时间流逝，一切自然会水落石出。其实，仔细想想，非议并不可怕，处理的态度得当，它也能奏出动听的旋律。

教子小贴士

1. 告诉孩子非议无处不在

生活在世界上，不管你怎样优秀，都会遭到别人的非议。孩子年纪还小，面对别人的非议可能会对自己产生怀疑，如果不能及时引导，可能会产生自卑的情绪。妈妈要告诉孩子：每个人都会受到别人的议论，遭到别人非议时不要太看重别人的议论。

2. 告诉孩子处理非议的最好办法就是置之一笑

面对别人的非议，孩子往往不知道如何面对，最有可能产生气愤、委屈、自卑的情绪，这对孩子的心理发育是极其不利的。妈妈要告诉孩子：如果这么在意别人说的话，那么在以后的生活中很难生活得开心快乐，既然别人对你有错误的看法，那么就让事实来解释这一切吧。

3. 告诉孩子在生活中要保持坚持自我的态度

面对别人的负面评价，孩子往往容易迷失方向，怀疑自己的做法是不是正确的。这个时候，妈妈要及时给予引导，对孩子正确的行为加以肯定，告诉孩子：做人一定要坚持自己的梦想，不能因为别人的看法而改变自己的想法，这样才有可能成功。

45.

只有经受得起挫败，才能迎来真理的青睐

孩子，那天你从学校回来，一回家就把自己关在屋子里，妈

妈敲了好几次门你都不肯开，后来送你上学你也是不情不愿的，鼓着个腮帮子气呼呼地走了。后来妈妈终于弄清楚了，原来是你竞选班长失败了，觉得很丢脸，不想去学校了，一直以来在同学中人气极高的你不能接受这个失败，所以很憋屈。孩子，妈妈要跟你说，不要觉得丢脸，人生中的每一次失败都是上帝送给你的礼物，今天妈妈就给你说说关于挫败的问题。

孩子，没有人能够一帆风顺，越是成功的人，所遭遇的挫折就越多，但是和那些平庸的人相比，他们在经历挫折之后往往能够站起来，并痛定思痛，反思总结，最终取得成功，这样的例子实在是数不胜数。

那个当播音员的表姐丽丽你应该不陌生吧？以前你常说，丽丽是你的偶像，你将来也要成为一个像她一样有出息的人。但是孩子，你只是看到了她的成功，却不知道在光鲜的外表下她曾遭遇过多次挫折。丽丽是个很有主见的女孩子，在上初中的时候（那时你还没有出生）就梦想着要当播音员，用自己的声音博得大家的喜爱，所以她一直想进学校的广播台。但是广播台是需要竞争上岗的，丽丽鼓足了勇气跑去报名。当时报名的人很多，学校采取了三轮淘汰的方式进行，丽丽第一轮就被刷下来了。当时，她跑到咱家，找妈妈哭诉。当时妈妈问她："还要继续吗?"她哽咽着说："虽然别人讲的比我有感情，发音比我标准，但是我还是觉得，我可以通过继续练习超越自己，然后明年再去争取播音员的位置。"妈妈听完就笑了："那你为什么哭啊?"丽丽抽噎着说：

"我哭是因为我难过，是因为我应该更早地发现自己的问题在哪里……"第二年，丽丽又参加了竞选，可还是失败了，只是这次是第二轮被淘汰的。丽丽不但没有伤心，相反地，她很开心，说自己的努力被肯定了，于是更加坚定地练下去了。高中的时候，丽丽终于加入了校广播台，一干就是三年。高考她考进了播音主持专业，一直到现在，成为一个出色的播音员。所以，孩子你看，表姐在面对挫折的时候，不但没有后退，反而斗志满满，最终获得了成功。孩子，通过丽丽的经历你就应该知道，每一次失败都是上帝送给我们最好的礼物，它激励我们向成功又迈近了一步。

其实，孩子，你应该明白，遭遇到挫败的人生，要比一帆风顺的人生更让人有激情。没有经历过挫败，就不会珍惜成功的来之不易，就不会珍惜你所拥有的。只有经历过失败的人才知道，为了实现自己的理想而拼搏实在是一件很幸福的事。人生只有像音符一样有起有落才能奏出动听的音乐。在这个世界上没有人是天生的勇士，也没有人是天生的强者，每一个成功的人，都有属于自己的异于常人的经历。

现在的你还很年轻，遭遇的挫败也是微不足道的，等你长大了，谈恋爱或工作的时候，可能会面临更大的挫折。进入职场，也许是同事不和，也许是上司对你不满，也许是你付出了但是却没得到回报，但是无论如何都要告诉自己这一切都是暂时的，是为了让你更完美、更优秀。当你跨越了它你就向前迈进了一大步。相反，在挫折面前逃避、畏缩不前都会使你的信心备受打击。因为挫折是两面的，它除了可以增强一个人的意志力之外，还有可能会将一个人的意志力消磨掉。所以面对挫折，你不能自乱阵脚，首先需要稳定自己的情绪，从客观、主观、目标、环境、条件等方面找出受挫的原因是什么。只有找到了问题的真正原因，你才能采取积极有效的补救措施。

孩子，在面对挫折的时候，不要一个人默默地承受，尤其是女孩子，如果把挫败感长期地埋在心里的话，对自信心的培养是一个巨大的挑战。所以学会向你最信任的朋友或家人倾诉，告诉他们自己遭受挫折后心中的不快，以及今后的打算，这样才能改变自己内心的压抑状态。挫折会让人产生非常大的心理压力，但压力本身并无好坏之分。如果你可以化压力为动力，挫折也许是你取得更大进步的一个机会。所以，面对挫折，妈妈希望你以一颗平常心去看待。就像我们说的，人要有平常心，要有健康的心态。但健康的心态并不是与生俱来的，都是要经过后天的磨炼，历经风雨雕琢才能逐渐形成的。正所谓失败是成功之母。所以，孩子，当你在遇到挫折之后，不要灰心，也不要气馁，大胆地走下去、坚持下去吧！妈妈相信你会有所收获的。

教子小贴士

1. 告诉孩子挫折是每个人都会遇到的

当孩子遇到挫折或者失败的时候，妈妈要及时告诉孩子，失败挫折没什么，关键是要敢于在失败之后进行总结，那些成功的人就是因为不怕失败并敢于对自己的失败进行反思才获得成功的。所以妈妈应当允许孩子失败，正是在不断地尝试与失败中，孩子才能逐渐认识和熟知世界。失败是正常现象，是成功之母。面对孩子的失败，妈妈应该鼓励、安慰，不能随意打击与讽刺。

2. 应当允许孩子多次尝试

妈妈不能因为孩子遭受了一点点挫折、失败就担心孩子受不了，以后孩子做什么事情都会提前加以安排，甚至帮助孩子做事或进行选择，其实这样做是有百害而无一利的。做妈妈的要敢于让孩子进行尝试，当孩子因挫折而产生退缩情绪的时候，妈妈可以通过讲述成功的故事让孩子重新燃起对外界的好奇心，进而愿意去尝试。这样，孩子的耐挫力会慢慢增强。

46.

个性也要符合时代的标准

孩子，那天你和同学出门旅游，回来的时候脖子上竟然挂着一个骷髅头的挂件，说实话，我真觉得那不好看，但是你却说正是这么个性的挂件让自己看起来有个性了，所以你很喜欢它。后来，你还异想天开地要把房间全部刷成黑色，说是这样才能够让你的房间看上去有个性，与别人区别开来。说实话，孩子，当我听你这么说，真的有种哭笑不得的感觉。你要个性没关系，至少也要符合时代的标准吧！

孩子，自从你进入青春期之后，我的生命里就时时充满着"惊喜"，这些"惊喜"全都是你带来的。有时候你说自己不去上学了，要去一个荒无人烟的地方制造一种可以让某种动物灭绝的药剂；有的时候没事也要和妈妈吵上几次嘴，因为如果不吵架，你真的不知道怎么表现出自己的个性；有的时候你会买来各种古怪的装饰物，把自己的身上和家里弄得乱七八糟。你总是喜欢和别人对着来，别人做了什么事情，你就偏偏不去做，别人不做什么事情，你就偏偏要去做。当然，无论你做了什么所谓有个性的事，我们是不能批评你的，因为你受了批评会更有"耍个性"的动力。青春期的女孩，本身就是叛逆的，如果你偏要在这个时候追求所谓的个性，孩子，你的人生可能会是另一种样子。看看下面的故事，你会更明白妈妈的话。

晨晨原本是个很乖很听话的女孩，但是自从进入青春期之后，她就像是完全变了个人，再也不像以前一样每天放了学就回家了，因为"那看上去一点个性也没有！"爸爸妈妈都在外地，爷爷奶奶也不怎么管她，所以晨晨就变得散漫起来。每天放了学，她先是和几个关系比较好的女孩去吃点东西，然后画个大大的烟熏妆，再和约好的男生一起去泡吧。开始的时候，晨晨还觉得自己化的妆很个性，但是进了酒吧之后她才发现，和酒吧里的那些女孩相比，她实在是太没有特点了，烟熏妆随处可见，而那些真的看上去有个性的女孩子，不是头发弄得五颜六色，就是身上钻满了洞并在洞里戴上了装饰物。晨晨曾见过一个最个性的女孩子，据她自己说，她的耳朵上、鼻子上、嘴巴上甚至肚脐上都钻了洞，加起来有15个之多！晨晨听了为之咋舌，和她们相比，自己简直是太不够个性了。于是她经那个女孩的介绍，到一个文身打孔师傅那里钻洞，两边的耳朵上各钻了一个，鼻子上一个，肚脐上一个。为了让自己看上去更有特点，晨晨还让那个师傅在自己的后颈上文了一朵玫瑰花。因为在学校里没办法把头发染成别的颜色，晨晨就在发型上下功夫，她把头发两边各自剃出一块拳头大的空白，白天上课的时候把头发放下来盖住，到了晚上就把头发梳起来，编成十几个小辫子，这样看上去特别酷。果然，晨晨在接下来的一个星期里成了酒吧里最个性的女孩。后来，晨晨渐渐长大，加上她的妈妈去世了，晨晨成熟了许多，她开始体会到生活的压力，于是便拼命读书，终于考上了一所比较出名的演艺学校。毕业之后，晨晨去应征做模特，但是哪里有模特公司肯聘用一个浑身上下不是文身就是洞的女孩子呢？晨晨只好找了一份很普通的工作去做。不久之后，晨晨有了男友，男孩很喜欢她，约她一起去见父母，谁知男友的父母看到晨晨身上的文身和洞，立刻就提出了反对意见。尽管男友费尽了口舌为晨晨解释，但是他父母始终都不肯点头，晨晨很伤心，主动和他提出了分手。后来，晨晨把精力全部用在了工作上，终于让身边的人改变了对自己的看法，获得了外界的肯定，男友也再次跑来求复合。晨晨后悔，如果不是因为自己曾经的个性，恐怕自己不但是个出色的模特，还早已经收获了爱情。

孩子，看到了吗？晨晨为自己曾经的所谓"个性"付出了沉重的代价。为什么会有这样的结果呢？原因就是晨晨所追求的个性其实是不符合时代标准的。每个人都要为自己的选择付出代价，晨晨比别人多花了好几年才最终得到属于自己的幸福。孩子，在这个世界上，你可以很个性，但是首先要符合时代标准。人的个性，可以分为三种：

第一种，叛逆的、抢眼的个性。这种所谓的个性是外在的，是一般人不会去做的。这种个性最常在一些思想不成熟的男孩子身上出现，但是一旦到了某个年龄段之后，他们这种个性也会随之淡去。

第二种，纯粹模仿出来的个性。这种个性就是模仿出来的，这样的个性是以迷失自我特质为代价的。

第三种，由内而外散发出来的个性。一个人个性独立，对事物有自己独到的见解，品位独特却不至于脱离社会规范，这样的个性是体现出个人特质的个性。拥有这种个性的女孩子有自己的气场，她的美与个性不会随着时间的推移而变淡。

孩子，妈妈希望你所追求的个性是第三种而不是第一种和第二种。你是个聪明的孩子，妈妈相信你会做出最明智的选择。

教子小贴士

1. 告诉孩子个性要符合时代标准

当孩子出现盲目跟风要个性，或者一味追求与众不同的现象时，妈妈就要告诉孩子，一个人可以有个性，但是这种个性是要符合时代标准才行的，如果不符合时代标准，那么注定是要被人谴责、让人侧目，甚至让自己以后后悔的。为了更有说服力，妈妈在教育孩子的时候还可以举一个身边或者名人身上的例子，通过事例让孩子更好地理解个性。

2. 告诉孩子什么是真正的个性

妈妈要告诉孩子，世界上的个性其实是多种多样的，真正的个性应该是从内而外散发出来的。孩子想要做个有个性的人，首先要保证自己是个有独特见地的人。而一个人的独特见地往往源于他的气质、学识和修养。孩子想要做个真正有个性的人，就要努力增加自己的学识和见识。

47.

排除干扰，拒绝随波逐流

孩子，今天你从学校回来，生气地告诉我以后再也不和你的好朋友文文一块玩儿了。妈妈问你为什么，你说小伙伴们都说文文品质不好，别人都不和她玩了，你要是和她一起玩，别的小朋友也会排斥你，而且你还觉得文文手里拿的那套彩笔就是你上次丢的那套！所以你觉得文文是坏孩子，拒绝和她一起玩。孩子，说实话，听你这么一说，我真觉得有点生气，你仅凭外人的看法抹黑一个人的名声，未免太过武断。妈妈今天要和你说的，就是女孩子要排除干扰，别做什么都随大溜。

孩子，你必须明白，在这个世界上，几乎人人都有从众心理，当一个人做了某个选择，有人也会跟着做，当随大溜的人越来越多的时候，就成了一种小型的潮流。潮流中的人不会去对整件事进行剖析，因为大多数人都觉得"跟着大多数人准没错！"

妈妈读大学的时候，和几个好朋友一块去逛商场，坐电梯的时候，忽然发出了"卜"的一声，妈妈的一个朋友马上捂住鼻子，小声地说了句："谁啊？真是的，也不注意点，这么臭！"没几秒钟，电梯里所有的人都捂住了鼻子，并都是一脸嫌弃的表情！妈妈也不自觉地捂住了鼻子。等出了电梯，朋友才不好意思地告诉我们，其实是她的鞋子和地板摩擦，发出了像放屁一样的声音，她怕别人误会，所以才演了这么一出戏。所以，你看，其实是阿姨调皮才开的一个小小的玩笑，结果大家都被误导了。

看看，原本没有人放屁，但是人人都出于随大溜的心态而选择了相信有人放屁这件事，这就是一种典型的从众心理。什么是从众心理呢？它指的是一个人在受到外界人群影响的时候，在知觉、判断、行为等方面很容易和大众趋于一致的心理现象。这样的现象在社会上非常普遍，通俗一点来说就是"人云亦云""随大溜"。当然，大多数人的意见比个人的更具有科学性，少数服从多数，也有可取之处。但是，若不加思考便盲目地服从多数，随大流，则是消极的"盲目从众"，这是不可取的，而且有些时候甚至会伤害到别人。

点点是个很聪明的女孩子，但是她有一点特别不好，那就是总是人云亦云，别人说什么她都相信，加上本身就是个"大嘴巴"，所以点点得罪了不少人。有一次，点点听到自己的两个同学说悄悄话，她的好奇心就被勾起来了，她竖起耳朵，好像隐约听到女孩们在说"小佳喜欢小艺"，于是便如获至宝一样把这件事传播了出去，结果大家都知道了"小佳喜欢小艺"，最后竟然还传到了老师的耳朵里。可是在经过一番调查之后，老师发现小佳和小艺关系很一般，所以根本不存在谁喜欢谁的问题。后来老师还用这件事做例子告诫大家不要跟风，因为言语实在是可以"众口铄金，积毁销骨"的。点点听了老师的话，真恨不得把头垂到脚面上。

孩子，看到这里你就明白，众人口中所说的话、大多数人都在做的事儿未必都是靠谱的，所以千万不要轻易"随大溜"。当然妈妈这么说，并不是让你以后就永远和大多数人对着干。以后你渐渐长大，参加了工作，有了自己的爱人和朋友，一定要注意适当从众。适当从众是为了顾全大局，也是为了保护自己。我们所说的是适当从众，不是去盲目从众，后者是一种不恰当的处事方式。无论你处在人生的哪个阶段，适当从众都是一个很不错的选择，不脱离团队，同时又对事物有独到的见解，这样才能最终"出众"。

孩子，妈妈希望你能明白，懂得在适当的时候选择从众，既是顺从众意，也是保护自己。你必须明白，无论做什么事情都要做到"选择正确的路而不是人多的路"，走你自己的路，让别人说去吧！

教子小贴士

1. 告诉孩子一定要自信

女孩的自信心是她对自身力量的认识和充分估计。如果缺乏自信心，她就会觉得，自己干什么都没把握，别人的意见都是好的。因此，妈妈在生活中要以肯定的语言评价孩子各方面的表现，切忌以怀疑或否定的语言对孩子说话，如"你看×××做得多好""你看×××穿衣打扮多有品位""你怎么就不能像×××一样呢?"等，这很容易使孩子怀疑自己的力量，对自己失去信心，从而导致孩子要向别人看齐，加重孩子的从众心理。

2. 告诉孩子遇事要多思考

孩子因为年幼、阅历不足等原因，在判断是非方面的能力是很薄弱的，他们不知道哪些事是正确的，哪些事是错误的，也不知道哪些事是可以做的，哪些事是不可以做的，所以为了确保自己不犯错，往往会选择从众。这时候妈妈就要告诉孩子，不管遇到什么事先要思考一下，这样孩子才能渐渐有自己的判断能力。

第七章
孩子，做女人不是件容易的事

孩子，妈妈只想让你知道做女人不是一件
容易的事，不想说太多过来人的话，只是希望
你可以更好地珍惜自己、爱护自己。当你从一
个女孩儿成长为一个女人的时候，少走些弯路
总是好的。

48.

女孩儿一出生，就已注定要经历一些小麻烦

那天你从外面回来，一脸的惊慌。妈妈，妈妈，我在学校厕所里看到了好多血，是有人受伤了吗？当时你年纪正小，最害怕的就是受伤流血，因为那很痛很痛啊！但是你在厕所里看到的血又与受伤流的血不同，今天妈妈就要告诉你，包括流血、包括你以后会经历的乳房发育、悄悄冒出来的小绒毛等，都是女孩子在成长中必然会经历的一些事情。这些事可能会让你觉得有一点困扰，觉得有些麻烦，但是这也是身为一个女孩必然都会经历的事情。

那一年的那一天，你呱呱坠地，用响亮的声音向世界宣告了你的到来。当护士阿姨告诉妈妈你是个女孩儿的时候，妈妈喜悦的心里就有了一点隐隐的小担忧。同样身为女人的妈妈知道，和男孩儿相比，做一个女孩儿必然要经历多一些小麻烦。所以孩子，为了让你能更加快乐地生活在这个世界上，妈妈就要把每个女人都必然会经历的小麻烦告诉你，让你做好准备，别被这些小麻烦所困扰。

首先要和你说的，就是男孩儿和女孩儿尿道的不同。男孩儿

的尿道长，站在那里便可以小便，完全不用担心被尿液弄湿衣服。但是女孩儿在小便的时候就一定要蹲下来，因为女孩儿的尿道短，而且撒尿的时候方向不会像男孩子一样固定。所以，如果你有时候被尿液溅湿了裤子，不要担心，也不要苦恼，这没有什么大不了的，每个女孩儿几乎都经历过这样的阶段。但是，同样是因为尿道短，女孩儿患上尿道疾病的概率就比男孩儿要高一些。所以，孩子，为了自己的健康，你一定要养成每天清洁外阴的习惯。每天用温开水洗一洗，不但清爽舒服，还能更卫生。你是个勤快的孩子，一定能做到的，对不对？

接下来我们就来聊一聊你在厕所里看到的血。也许某一天你会慌慌张张地从卫生间里跑出来告诉妈妈自己流了好多血，问妈妈自己是不是生病了。孩子，妈妈在这里要告诉你，大多数的女孩子长到十一二岁的时候，身体就会出现一些变化，当然，你也不例外。女人会流血，其实是一种很自然的生理现象。每个月的那几天，都会有一位小仙女降临到你的身体里面，把你身体里积累了一个月的脏东西啦、细菌啦、毒素啦全部扯出来，这些不好的东西会随着血液从我们的身体里排出去，所以你看到的那些从身体里流出去的血都是小仙女为我们清理出身体的有害物质，当这些有害物质被排泄出去，你就能更健康地成长。当然，在小仙女为你清理身体的时候，可能你会觉得有一点疼、有一点不舒服，但是为了更漂亮、更健康，这些都是值得的，你说呢？

伴随着生理期的到来，你会发现，前胸会有一点点胀痛，原本只有一点点的小乳头也开始变大，乳晕变深，小花苞也渐渐地鼓起来了。尤其是在每个月的那几天，你会觉得前胸有一点点胀痛，你发觉自己的注意力几乎都被这个小变化吸引了。你开始刻意回避那些男生，也不再和其他同学们疯跑，因为你觉得除了有点不好意思之外，在被别人碰到胸部的时候还会感觉很不舒服。你可能会问，妈妈，为什么长大的感觉这样不好？其实，孩子，这是每个女孩都必然会遇到的情况，你需要的，只是一个适应的过程。乳房发育对每一个女孩来说，都是一件值得高兴的事情。美丽的乳房是每个女孩的骄傲，所以，千万不要因为乳房发育给你带来的一点点不舒服而沮丧，你不知道有多少女孩子在成年之后因为乳房太小而自卑难过呢！还记得妈妈以前的同学姚阿姨吗？她那时候到咱们家来，你还拿水果招待她呢！姚阿姨人长得漂亮，但是却一直很自卑，因为和其他人相比，她的胸部实在是太小了，为此她还被几个同事嘲笑为"太平公主"，这当然不是一个好词语。姚阿姨不知道有多难过，她试过很多种方法试图让胸部丰满起来，但总是收效甚微。有一次姚阿姨对妈妈说，大约是她在13岁的时候，因为胸部发育觉得不好意思而用布条把胸部绑起来造成发育不完全，现在想想真是后悔啊！所以，孩子，勇敢地挺起你的胸部，给自己一个自信的微笑吧！

当然，除了上面说的一些女孩子必然会遭遇的小麻烦之外，你还必须明白，伴随着年龄的增长，你还会遇到各种各样的小问题和小麻烦，这都是生命过程中必然会经历的，不是你一个人的专利，一个良好积极的生活态度会让你轻易解决这些问题和小麻烦。孩子，既然你生来就是一个女孩儿，那就好好珍惜自己做女孩的权利，爱自己，也爱自己的身体以及身体上的每一个变化，相信你的人生一定是幸福的。

教子小贴士

1. 告诉孩子她可能会经历的一些小麻烦

当孩子的身体可能或者已经出现一些变化的时候，妈妈要告诉孩子：每一个女孩儿在成长的过程中都会遇到一些小麻烦，像月经，像乳房隆起。当这些小麻烦出现的时候，不要慌张，也不要郁闷烦躁，因为每一个变化都在帮助孩子成长，让孩子渐渐变得更加完美、更加健康。

2. 将解决小麻烦应有的态度告诉孩子

孩子面对身体的变化可能有些不适应，这时候妈妈就应该告诉孩子，月经是怎么一回事，乳房发育又是怎么一回事。当然还可以适当引申到将来走入社会之后的生活，让孩子明白身体内的这些变化都是很有必要的，应该积极地面对这些小麻烦，采用正确的方法来爱护自己的身体。

49.

别过分贪凉，保暖是女人一生的事

那天你从学校回来，满头大汗，扔下书包打开冰箱就去拿冰激凌吃，妈妈阻止了你，严厉地命令你把冰激凌放回去。虽然你乖乖地听了话，但是却用嘟起的小嘴和鼓起的腮帮宣示了自己的不满。妈妈端来温水给你，你迟疑了一下，终于还是抵不过饥渴，端起水来一饮而尽。妈妈知道你生气了，你肯定在抱怨，这么热的天为什么不让你吃冰激凌？是妈妈小气吗？当然不是。妈妈爱你甚至胜过自己，怎么会吝惜一杯小小的冰激凌呢？之所以不让你吃冰激凌，是因为担心冰冷的东西会对你的身体造成伤害。你当然不能理解，天气热的时候，不是应该吃点冰凉的东西、坐在空调房里吗？这才是享受生活啊！其实这是一种很错误的生活方式，妈妈今天要和你说的，就是这个问题。

天气热的时候，喝杯冰水，吃个冰西瓜，来杯冰激凌……身体立刻就会舒服起来，暑气顿消。但是由此带来的伤害是什么呢？你很可能会患上消化系统疾病。还记得去年姥姥生病住院的事情吗？那时候妈妈带着你回老家看姥姥，姥姥正住在医院里，挂着点滴，一副无精打采的样子，看到你，姥姥勉强扯起嘴角笑了笑，却没有一丁点儿精神。你用力扯着妈妈的手，不断地追问姥姥为什么会生病，其实姥姥生病就是因为吃了冰箱里的冰西瓜。没错，天气热的时候吃上一块冰西瓜的确很舒服，但是原本热乎乎的肠胃里突然多了许多冰凉的东西，温度会立刻降下来，汗腺也会随之闭合，身体内的散热功能就被扰乱了，腹泻、腹痛甚至急性肠胃炎都可能会接踵而至。所以，为了不生病，在觉得又热又渴的时候，还是放弃冰激凌，来杯温开水或者粥吧！

　　或许你觉得自己的身体棒，没事。但是孩子，你必须记住，对一个女人来说，保暖是一生的事儿。做女人，千万不要让自己冷，一旦身体冷了，许多大麻烦小麻烦就会缠上你。还记得你小时候妈妈给你讲的白雪公主的故事吗？那时你专心致志地听妈妈讲这个故事，故事结束后还问妈妈："妈妈，我的皮肤也能像白雪公主一样漂亮吗？"妈妈当时用力地点点头，你在妈妈的心里，比白雪公主还要漂亮啊！几乎每个女孩儿在出生的时候都是健康美丽的，你也是一样。那么为什么到后来有的人会肤色越来越差甚至发黑发黄呢？这其中有很大的原因就是因为她们在成长的过程中过分贪凉了。

　　身体变冷，除了会让你的脸色变差发黑发黄之外，还可能会让那些讨人厌的肉肉缠上你。身体变冷了之后，最怕冷的小肚子就会拼命从我们的食物中寻找脂肪来保护自己，这样我们的肚脐下方就会长上一圈一圈的肥肉，这些肥肉的存在是为了让我们的小肚子保暖。所以，无论你是想通过运动或者节食减肥来赶走它们，都是收效甚微的。看到了没有，身体变冷，不但会让你的皮肤变差，还会让你变胖。所以，既然你的愿望是成为一个像白雪公主一样美丽的女孩儿，那就不要在热天的时候吃冰冷的东西。

也许你会说，不吃冰凉的东西，我吹空调总可以吧？没错，吹空调的确是一种很好的消暑方法，但是，孩子，你同样要记住，如果你正热得冒汗，猛然进入温度很低的空调房中，你患上感冒的概率几乎会达到50%！除了这些，光脚穿凉鞋、用冷水洗澡等，都是极不好的习惯。这些习惯会把你身体内的暖气带走，极有可能会让你在生理期的时候小腹疼痛，更严重的还会出现月经不调，引发妇科疾病，甚至被更严重的疾病困扰。所以，保暖不仅仅是冬天的事，夏天更要注意保暖。要把保暖功夫做到位，除了我们上面所说的尽量少喝冷饮、少吃冰激凌、少吹空调之外，还可以从其他方面把身体丢失的"暖气"找回来。

（1）饮食要均衡。爱美是女人的天性，但是孩子，如果你认为每天吃些青菜、水果不吃肉就可以瘦身，那就大错特错了。没错，青菜、水果的确可能会让你的身体少吸收一些卡路里，但是你同时也要知道，大多数的水果都是寒凉的。如果你只吃青菜、水果，或许可以在短期内达到瘦身的效果，但是体质会变冷，到时候不但肤色变差，身体也会糟糕起来。所以还是应该多吃一些红肉，羊肉和牛肉不但含有丰富的铁质，可以补充气血，让你的气色好起来，还可以让你的身体好起来，更有力气和精力。

（2）不要因为贪漂亮而穿露脐装或者在冬天里穿裙子。许多女孩子为了展露出自己的纤腰，穿上露脐装，把自己的腰露出来。没错，这样的确可以吸引许多异性的眼光，但是，孩子，你必须明白，你全身最怕冷的部位就是小腹和后腰，一时的贪图漂亮换来的代价可能是在数年之后的妇科病和腰间丛生的赘肉。而且，妈妈也不认为穿露脐装就可以展示出女孩子应有的美丽，一个女孩子真正的美丽应该源于她的气质、谈吐以及得体的装扮。也有许多女孩子为了漂亮而在冬天里穿裙子，裙子下面就是一双薄薄的袜子。没错，我们的确可以看到许多女孩子甚至明星这样穿衣服，但是你必须明白，她们只是为了工作需要这样穿。如果你在生活中见到也有女孩子这样穿衣服，那么妈妈可以很肯定地告诉你，除非这个女孩天天待在暖气房里，否则，她迟早会患上关节炎、妇科病。

所以，为了你的健康和以后的幸福，孩子，请你不要过分贪凉，也不要因为漂亮和潮流而随意违背自然科学规律。

教子小贴士

1. 告诉孩子贪凉的坏处

在发现孩子出现耐不了热、吃不了苦的苗头时，妈妈必须警惕孩子可能会在夏天里做出一种极损害身体的行为——狂吃冷饮、狂吹空调。如果发现孩子已经出现类似的现象，那就应该立刻帮助孩子改掉这些毛病，可以列举一些身边的事例来告诉孩子这些习惯是多么的糟糕，动之以情，晓之以理。不要纵容孩子的这些习惯，否则会造成更大的恶果。

2. 将不能贪凉的原因告诉孩子

妈妈强行制止孩子吃冷饮、洗冷水澡等行为，可能会遭到孩子的抗议和抵触，尤其是那些正处在 10 岁以上叛逆期的孩子，妈妈说得越多，她就越反感，根本起不到作用。所以针对不同年龄段的孩子，妈妈使用的劝导方法也应该有所不同。对于年龄稍大的孩子，就要同她讲道理，用她愿意接受的方式告诉她，为什么不能贪凉。

3. 帮助孩子建立正确的观念和生活习惯

养成一个坏习惯很容易，但是改掉一个坏习惯就很难。所以妈妈想要孩子身体好，为了她以后的健康着想，应该从小就教育引导，帮助她养成良好的习惯。告诉她哪些是不应该做的，怎样做可以让她更漂亮、更健康。从小养成的好习惯往往会让人受益一生。

50.

胸部开始发育，你就有了女人的特质

前几天和你一起逛街，妈妈去内衣店买了件文胸，你当时问妈妈，为什么妈妈和你都是女人，可是妈妈要穿戴文胸，而你却不穿呢？当时妈妈和你说，大人才可以穿文胸。这个答案很明显是在搪塞你，不过当时在逛街，街上有那么多人，这个女儿家的私房话还是拿回家说的好。今天，妈妈就和你说说女人的文胸和乳房的事。

孩子，还记得前些日子的那件事吗？那天你在洗澡，突然从洗手间里冲了出来，一脸的紧张，把妈妈吓了一跳。你见爸爸也在，就有些发窘，什么话也没说就拉着妈妈的手进了你的房间。话还没说，脸却变红了，妈妈，妈妈，我的胸部好像长了个小硬块，一碰还挺痛的，是不是长了瘤呢？你轻轻地说，大眼睛里闪烁着一丝惊慌。我紧绷的神经一下子就放松了下来，原来是你的胸脯已经发育了。于是我告诉你，这个小硬块不是瘤，是你的乳房在发育了。从这时候开始，你就正式从一个小孩子变成少女了。而此刻躲在皮肤下的小硬块将来也会越长越大，慢慢就会变得和妈妈一样……你听完妈妈的话，似懂非懂地点点头。当一个女孩子进入青春期，雌性激素加快分泌，乳腺管开始发育，脂肪也开始在前胸堆积，渐渐地，前胸就会隆起，乳房就会成形。当然，在乳房发育的过程中，必然会伴随着一些发胀发酸甚至发痛的感觉，这都是很正常的事情，完全没有必要担心。

不同的女孩儿乳房发育的状况也不尽相同，有的女孩到了十几岁胸部才开始发育，而有的女孩则在八九岁的时候胸部就开始渐渐隆起了。无论是发育早还是发育晚，都要记住，女孩子胸部发育是很自然也是很令人骄傲的事情，完全没必要难为情。可能有些懵懂的女孩子会对你微微隆起的胸部指指点点，不要在意，当她们的胸部发育起来的时候，她们自然就会明白这是怎么一回事。千万不要因为怕羞或者难为情就含胸或者穿紧身衣把胸部束起来。妈妈和你一样大的时候，同班有一个同学长得很漂亮，个子也很高，从前面看就是一个亭亭玉立的小姑娘，但是再从后面或者侧面看，就很不好看了，她因为总是哈腰含胸，所以时间长了之后就有些驼背了！一个花季小姑娘，居然是个驼背，这是一件多么令人惋惜的事情啊！有一次，这个女同学在同学会上很懊恼地对另一个女同学说："唉，都怪当时年纪小，总觉得在别的女孩子的胸部都没有发育的时候自己的胸部先鼓起来是一件很丢人的事，所以总是哈腰含胸，结果影响了身体的正常发育，到现在都矫正不过来。"所以，女儿，千万不要"虐待"自己的胸部，否则就可能会造成终身的遗憾。

除了要用正确的态度对待乳房发育，你还应该明白如何保护好自己的乳房，让它们更好、更健康地发育。

（1）在这个时期，乳晕渐渐变大，处在乳头和乳晕周围的组织渐渐隆起，乳房内部的"小硬块"开始慢慢长大，稍微碰一下就会觉得疼。所以为了避免疼痛并促进乳房正常发育，要保护好乳房，注意在活动中要避免乳房被撞击或者挤压。

（2）有了正确的态度，你就应该明白乳房是女孩子的骄傲而不是羞耻。所以，无论是在走路还是坐着，都尽量保持一个好姿势吧。走起路来要提臀收腹、昂首挺胸，坐下来的时候也不要哈腰驼背，睡觉时应该选择仰卧或者侧卧，千万不要俯卧，以免挤压到乳房，影响乳房的正常发育。

（3）养成护理乳房的习惯。在乳房发育的过程中，难免会出现乳房发胀发痒的情况，这时候要记住，千万不要用手去抓，以防造成伤口感染。最好的方法就是用温水对乳房进行温柔的清洁。

（4）多保养按摩。很多女孩在胸部发育的过程中都会出现两边乳房发育不均衡或者不尽理想的情况，解决这些问题的方法并不难。适当对胸部进行按摩，做一下扩胸健美操或者俯卧撑运动，都可以让情况得到改善。如果情况比较严重，也可以向专业医生进行咨询。

（5）饮食要营养。许多爱美的女孩子都希望自己能够瘦一点，所以在饮食上会刻意避免脂肪和蛋白质的摄入。殊不知这样做的恶果就是乳房的发育会受到影响，很可能会导致乳房因营养不足而偏小，到时再后悔就迟了。所以，女儿，为了你的未来，多吃些营养食物吧，瘦身的事，等到你成年之后再做也不迟。

（6）在适当的时候穿戴合适的文胸。当你处在青春期的时候，胸部处在发育的阶段，所以在这个时期，你还不能穿戴成年人的文胸，女孩子的文胸应该是棉质的，不能太紧，否则会影响发育；当然也不能太松，松了可能会导致乳房下垂。

说了这么多，只是在告诉你青春期的乳房护理知识，不是妈妈懒惰，而是因为关于乳房的护理，在人生的每个阶段都有不同的护理重点，渐渐长大成熟的你不需要妈妈说太多。但是最后妈妈还是要絮叨一句，无论到何时，都要学着让自己的压力变得最小，同时赶走坏情绪，这两个坏家伙不但可能会让你的乳房患病，甚至对你的整个身体健康的伤害都是极大的。

教子小贴士

1. 告诉孩子乳房发育不是难堪的事

面对身体上的变化，孩子可能会觉得恐慌甚至不知所措，妈妈的就要多与孩子沟通，了解孩子的心理状态。如果孩子因为身体上的变化而出现心理上的不适，妈妈就要及时地开导孩子。首先要告诉孩子，乳房发育是每个女孩子都会经历的事情，完全没有必要担心。其次要告诉孩子正确面对周围人的眼光，别人的闲言碎语只是因为她们无知，千万不要太过在意。

2. 告诉孩子不要因为难为情而刻意掩饰

很多女孩子会因为胸部鼓起来而害羞，胸部发育是女性美的体现，为什么要掩饰呢？当然，这些大人们都明白的道理可能到了孩子那里就说不通了。所以，妈妈要及时地引导孩子，发现孩子有弯腰含胸掩饰隆起的胸部的行为时，就要告诉她由此造成的后果。有些女孩会因胸部隆起而出现性格上的转变，变得害羞内向。妈妈要告诉孩子，胸部发育是一件值得骄傲的事情，引导孩子走出阴霾。

3. 将一些保护胸部的方法告诉孩子

相比孩子来说，妈妈在胸部护理上可以称得上一位专家了，将自己的心得或者护理妙招告诉孩子，让孩子更加健康地成长，这是很有必要的。

51.

月经是你的"老朋友"，
让它好好地来好好地走

那天你放学回来，神神秘秘地伏在我的肩头，对我说，妈妈，今天我们班杨乐乐"那个"来了，好像没有带卫生巾吧，弄得裤子上全是，好糗啊！杨乐乐向同学借了一件衣服围在腰间才敢回家。说完，你又总结了一句，唉！女人就是麻烦，每个月还要来一次月经，男孩子就没有这种烦恼，要是不来月经该多好啊！今天妈妈要告诉你的是，月经对女孩子来说是一个不可缺少的"老朋友"，有了它，女孩才能健康、快乐地度过作为女人的每一个阶段。

说起月经，可真是一件让人伤脑筋的事儿。对大多数女孩来说，从 10 岁左右，月经就来了，一般每隔 28 天，每次持续的时间有四五天。在这几天里，总是要换卫生巾，做什么都不方便，真烦。可是，孩子，如果你真正了解了月经是怎么回事，相信你就不会这么认为了。下面妈妈就和你说说关于月经这位老朋友的事情。

孩子，你知道吗？其实月经对女孩子来说，更像是一位小仙女。在你年轻的时候，每个月的那几天，她就会住进你的身体里。这也许会让你觉得烦，但是，孩子，如果知道了这个小仙女在你的身体里做了什么，相信你就会有另一种看法。

小仙女住进我们身体里做的第一件事情就是帮助我们清除身体里的垃圾。孩子，首先你应该知道，我们的月经其实是来自于我们身体里一个叫作子宫的地方。所谓子宫，也就是孩子的宫殿，也就是将来你的宝宝出世之前居住的地方。既然是给小宝宝住的地方，那一定要好好打扫啊，要打扫干净啊！于是小仙女就负责起了打扫子宫卫生的工作。把子宫内脱落的膜全部扫掉，然后通过血液排泄出去，这就是月经。月经流光了，我们的子宫就干净了，小仙女就走了。看看，是不是很神奇呢？

但是小仙女也会有不想干活的时候，当小仙女住进你的子宫里，你却穿很少的衣服、吃冷食、冲冷水澡或者吃麻辣的食物，小仙女就会觉得很不舒服，她打扫卫生的时候就不会那么用心了。到了该离开的时候，可能那些应该打扫干净的子宫膜没被扫干净。这些垃圾积累下来，很可能会慢慢地形成子宫肌瘤，到时候身体就糟糕了！所以，孩子，在小仙女来的时候，一定要注意保暖，不要吃刺激性食物，这样小仙女才会将你的子宫打扫得更加干净。

小仙女在我们身体里做的第二件事情就是排出我们身体内的毒素。说起这个，我们就要庆幸一下了，哈哈，小仙女只会在我们女孩子的身体里存在，男孩子身体里是没有的哦！仔细观察一下周围，你就会发现这样的一种现象，一般女人的寿命是要比男人长一些的，对不对？为什么女人的寿命更长，这其中就离不开小仙女的功劳。

我们人体内的毒素是通过肝脏排出的，在男人的身体里，这些毒素是通过肠道和胆囊排出去的，而女人则是通过月经排出毒素，在小仙女的帮助下，这些毒素很轻易就被排除得干干净净。但是男人的毒素排出去的过程就迂回得多，所以无论是在彻底度还是在速度上，男人的排毒能力都不及女人强。如果没有了月经，女人也要像男人一样通过肠道和胆囊排出毒素，那身体内的毒素就不会排得那么彻底了。

所以，孩子，你应该明白，月经是你的好朋友，因为有她在，你才能更健康、更美丽。所以，在小仙女住进你的身体时，一定要好好地照顾自己哦！

第一，无论是在月经期还是在平常的时候，一定要注意保暖。有的女孩总喜欢在大冬天里穿裙子，因为这样看上去没那么臃肿。但是孩子，你千万不要那样做，这会让你的身体冷起来，从而引起月经不调、痛经，甚至还会影响下一代，到时候你再后悔就迟了。

第二，在小仙女住进你的身体时，你一定要注意卫生。小仙女将子宫内脱落的子宫膜和毒素清扫出去，但是并不负责你身体外部的清洁哦！所以，在月经期间，要用温开水清理外阴。注意，一定要用温开水哦，只有温开水才能避免细菌通过外阴侵入你的身体内部。虽然这样有些麻烦，但是为了健康还是要坚持下去。

第三，多休息，多喝温开水，多吃富含铁质的食物，少吃辛辣食物。在月经期间，你身体内的雌激素水平上升，皮肤达到最好的状态，这时候保证充足的睡眠会让你皮肤变得更好。当然这时候身体内的水分和铁质也会随着月经一起排出体外，所以这时候要多补充水分和富含铁质的食物，当然，辣的食物是一定要避免的。

为了你的健康，孩子，从现在开始，好好善待月经你的这位老朋友吧，如果你坚持这样做，你会变得更加健康美丽。

教子小贴士

1. 告诉孩子月经并不是那么讨厌

很多女孩子会觉得月经很麻烦，月经来了，除了身体容易困乏、小腹有些不舒服之外，还要带不透气的卫生巾，不能冲凉……这也不能，那也不能，要是没有月经多好啊！如果孩子有了这样的想法，妈妈就要告诉孩子月经是怎样形成的，为什么女人一定要来月经以及月经对女人的重要性，将这些一一讲解清楚，孩子就不会再讨厌月经。

2. 告诉孩子怎样在月经期间做好身体护理

孩子大多意志力薄弱，吃什么、干什么总由着自己的性子来，如果是处在月经期，很可能会对孩子的身体造成伤害。面对这种情况，妈妈一定要告诉孩子如何做好身体护理，并且对孩子晓以利害，让孩子从小就养成良好的护理习惯，这会让她一生受益。

52.

慎用药物，有些药绝对不能吃

药物对我们的生活来说几乎可以称得上是不可或缺的，小至感冒发烧拉肚子，大到抗癌手术挽救生命，都少不了药物。我们要感谢那些药物发明者将我们从疾病的痛苦中拉出来，但是，孩子，如果你就此认为药物都是好的，吃点儿应该没问题吧，那就真的大错特错了。孩子，你必须明白这样一个道理：是药三分毒！只要是药，总有一定的副作用。就拿最常见的感冒药来说，虽然它可以治病，但是你也会因为它而瞌睡甚至拉肚子。当药物帮助我们恢复健康的时候，我们的身体也必然会因为药物而产生一些不良的反应。一旦过量，那么毋庸置疑，孩子，你的身体必然会受到损伤。所以，除非必须吃，否则尽量少吃药。

孩子，你必须明白，为了我们的健康和幸福，有些药物我们是坚决不能吃的。下面妈妈就和你说说那些可能会对你的健康和幸福造成危害的药物。

（1）减肥药。关于减肥妈妈以后会告诉你更多，这里就简单说一点，即便是你想要减肥，也要寻找适合自己的减肥方法，而不是盲目利用减肥药进行减肥。你要明白一个原则，那些真正需要在减肥药帮助下进行减肥的人，必须是在超出标准体重25%以上的人，在通过运动、饮食等常规手段无法达到减肥效果以至于健康受到影响的时候，才可以适量服用药物，而且只有在这种情况下，减肥药也才能实现利大于弊的作用。

前几年，一个29岁的女孩在服用减肥药物23天后死亡，经过法医检验，女孩死亡的原因是服用减肥药诱发了心血管疾病，结果在还没来得及打电话求救的情况下就失去了生命。

即便是没有生命危险，减肥药对人体的伤害也是巨大的：人服用含有利尿剂的减肥药之后，体内的水分被大量排出，所以减肥者不得不经常去厕所，精神不振、头晕、低血压都会表现出来。如果你认为付出这么多代价能减肥那就大错特错了，一旦停止用药，你的体重会立刻反弹。有的减肥药里含有阿卡波糖，吃了之后身体内的肝脏酵素会随之上升，引发肝炎的概率特别高……各种各样的减肥药都会给人体带来伤害。

所以，孩子，看看你的细胳膊细腿，你是真的胖吗？不，你一点都不胖！所以，为了你的生命安全和健康着想，千万不要跟风去吃什么减肥药。即便是你真的胖了，也要通过专业人士的治疗搭配合理的饮食，并通过运动来达到瘦身的目的，减肥药帮不了你什么。

（2）致幻类药物，又叫毒品，包括我们平时在电视里经常看到的大麻、冰毒等。孩子，你在电视上看到那些吸食毒品的人往往看起来很快乐，其实那是因为致幻类的药物往往会作用于人体中枢神经系统，让人产生幻觉或者快感。这听上去很不错对不对？但是孩子，如果你知道经常吸食致幻类药物的危害之后恐怕就不会这么想了。

在全世界，吸毒者数以亿计，他们中的许多人都是在别人的引诱下吸食毒品的，22岁的女孩青青就是其中的一个。那时青青刚刚大学毕业，又找了一个比较称心的工作，一帮朋友为她举行派对庆祝，大家玩得都很高兴。席间一位朋友掏出毒品请她吸食，青青早就知道毒品不好，但是她对这个东西实在是太好奇了，加上不知如何拒绝，就跟着吸了两回。谁知后来竟然有了毒瘾，每天都得吸食毒品。有时候她也想戒毒，可是当她真的不去吸毒的时候又难受得不得了，就好像有一万只蚂蚁在啃咬她的身体一样，难受得无法忍受。于是青青不得不继续吸食毒品，因为她吸食毒品的量越来越大，朋友已经不再免费供应她毒品了。青青每个月的薪水也已经不够她吸食毒品，为了吸毒，她没有了尊严，像一条狗一样活着。因为吸食过多的毒品，她的脸色越来越难看，泌尿系统也被彻底破坏，每隔十分钟就得小便，二十多岁的人好像已经到了中年了。她的爸爸妈妈每提及她都难过得要命，有时候青青也恨不得自杀。不久，一个原本有着大好前程的女孩子，在花样年华里终结了自己的生命。

所以，孩子，为了你自己的前程，为了能更好地在这个世界上生活下去，千万不要去碰致幻类药物，无论是出于什么原因。

教子小贴士

1. 告诉孩子用药的大原则

妈妈要告诉孩子，药物能治病，的确是一个好东西，但是同时要明白，药物不是万能的，它是专门针对疾病而生产出来的，在治疗疾病的同时也必然会给人体带来一定的伤害，所以除非在必要的情况下，尽可能不要用药。即便是要用药，也要记住一些药千万不能吃。

2. 告诉孩子，除非必要否则坚决不吃减肥药

女孩爱美是天性，所以一旦觉得自己不够瘦又嫌运动麻烦的时候，很可能会把减肥药视若宝物。但是，对大多数人来说，减肥药不但不会让人瘦下来，还很可能拖垮一个人的身体。所以，妈妈一定要告诉孩子，减肥药是那些真正肥胖的人才需要吃的，一般人吃了也没什么用。

3. 告诉孩子千万不要碰致幻药

如今的毒品类型越来越多，除了传统的之外，各种各样的致幻类药物也都开始在毒品市场流行起来，让人防不胜防。妈妈应该告诉孩子，面对来路不明的药物，一定不要吃，无论对方说得再好，也不要吃。千万不要因为好奇就吃下别人送上的药物，否则极可能会付出一生的代价。珍爱生命，要从拒绝致幻药开始。

53.

珍爱双眼，"近视"不是"进士"的象征

那天你欢欢喜喜地跑回家来，一头扑进妈妈的怀里，高高兴兴地说："妈妈，我的同学洋洋说你是个很有学问的人呢！"你的言语中充满了自豪。我不禁好奇，问道："为什么洋洋会说妈妈是个有学问的人呢？"你耸耸肩，很理所当然地说："这还不简单？因为你戴眼镜呗！"我听了你的话，心立刻沉了下去。孩子，你必须明白，一些错误的观念很可能会毁掉一个人，为了你能更乐意保护眼睛，妈妈今天就和你说说近视的事情。

孩子，你成长的过程也是不断更新自己观念的过程，小的时候，你最喜欢把妈妈的眼镜拉下来；再大一点，你总是试图把妈妈的眼镜戴在自己脸上，尽管你会感觉到有一点头晕。这个你从小看到大的工具真的已经成了妈妈身体的一部分，你产生好奇理所应当。上了学，周围戴眼镜的同学越来越多，那些同学中一定有一些是学习成绩不错的，于是你会有这样的一种误解：那些同学之所以戴眼镜，是因为他们读书太用功了。所以，你也一定要

努力"使用"自己的眼睛，以期有一天可以如愿以偿，戴上眼镜，成为一个有学问的人。

"近视"真的就等于"进士"吗？孩子，如果你对这个问题的答案是肯定的，那么妈妈不得不很遗憾地告诉你，你错了！你错得很离谱！或许有些人近视是因为读书造成的，但是大多因近视戴上眼镜的人都是不合理的用眼习惯、过度看电视、痴迷玩游戏造成的！所以，近视除了证明一个人眼睛有毛病之外，并不能证明任何其他问题。不信的话，看看你小姨的例子就明白了。

小姨和你一样大的时候，也是个很爱美的小姑娘，她长得很可爱，尤其是一双大眼睛，忽闪忽闪的，特别漂亮。那时候小姨最喜欢她的语文老师了，因为她很会讲故事，说起话来也很有学问，小姨很仰慕老师，她也想变成像语文老师一样的人。当然，她暂时没有办法和老师一样有学问，怎么办呢？小姨眼珠一转，她可以像老师一样戴一副有学问的眼镜啊！于是小姨就缠着姥姥姥爷给她买眼镜，她一个小孩子，又没有近视，怎么可以戴眼镜嘛！姥姥姥爷当然不同意。小姨为了达到目的，就专门躺在床上看书，别人休息的时候她也不休息，就算是放学了，也会待在电视机前拼命看电视。结果两个月下来，小姨的眼睛就看不清黑板上的字了。姥姥姥爷只好带她去配了副眼镜。小姨得意极了，她每天都高高兴兴地戴着眼镜在学校和小区里逛来逛去。但是这股新鲜劲儿一过，小姨马上就发现了问题——戴着眼镜太不方便了，她再也不能蹦蹦跳跳地和小伙伴们跳绳了，除了洗脸睡觉，什么时候都得戴着眼镜，她的大眼睛再也不能露出来了，调皮的男孩子有时还会围着她叫她"四眼妹"，小姨经常被气得哇哇大哭。后来小姨长大了，她很希望能成为一名英姿飒爽的军人，但是因为眼睛近视，最终没能如愿。再后来的事情你都知道了，小姨通过手术，终于可以不再戴眼镜了，但是她的泪腺却被破坏了，为了保持眼睛的湿润，不得不每天滴昂贵的专用眼药水。小姨说起这段经历，就后悔得直摇头，但是世界上没有卖后悔药的，做错了事情也不可能回头。

所以，孩子，看到小姨的事情你就应该知道，保护自己的眼睛是一件多么重要的事情啊！那么，怎样做才能避免近视呢？妈妈告诉你几个小窍门，只要你做到了，就可以永远不用担心眼睛会近视了。

（1）姿势上：现在的孩子用眼的地方越来越多了，除了看书看电视之外，还可以上网、玩游戏，长时间坐着很容易造成浑身疲劳，所以就难免出现姿势不端的情况。无论是趴着、躺着还是歪着、走着，对眼睛的伤害都是比较大的。所以，无论你在看书还是在玩游戏，都要注意姿势端正，坐着的时候脊背要挺直，两条大腿要保持水平状态，两脚要着地。

（2）距离上：眼睛与阅读物之间的距离应保持在30厘米到50厘米之间，与电脑或者电视之间的距离更要远。

（3）时间上：根据专家的研究，一个人一天近距离用眼的时间最好不要超过 6 个小时。如果出于学习和工作的要求，超过了这个时间长度，那一定要更加注意调节。除了总的时间长度之外，连续用眼的时间也不能超过一个小时，尤其是那些近距离用眼的人，每隔一小时左右就要立刻休息 10 分钟，休息的时候可以向远处看看，闭目养神，按摩眼睛，或者做做眼保健操。

（4）光线上：光线要适当，不能在太亮或者太暗的光线下学习或者工作。光线最好是来自于左前方，避免直接照在眼睛上。

（5）调节上：用眼多的人要积极参加体育锻炼，休息的时候最好做一下眼保健操，隔半小时左右就要眨眼，每次 10 下。每天要保证有一小时以上的户外活动时间。如果觉得眼睛酸涩难过，可以通过用湿热毛巾敷眼以快速缓解疲劳。

（6）习惯上：减少看电视、玩电脑的时间；饮食上要均衡，每天要保证足够的蛋白质、维生素和微量元素摄入；如果可以，尽可能用听来代替看；有条件的话，每隔一段时间要测试一下视力，以避免出现假性近视；如果有假性近视的迹象，则要尽快就诊治疗，以防止转为真性近视。

教子小贴士

1. 告诉孩子近视产生的原因

面对出现在孩子们中间的"近视的人都有学问""读书用功的

人才会近视"等错误的观点，要告诉孩子，近视和有没有学问并没有直接的关系。相反地，很多人近视是因为痴迷游戏造成的，即便是那些因为读书而近视的人也是因为不懂得正确用眼才不得不戴上了眼镜，所以戴眼镜并不能成为有学问的象征。

2. 告诉孩子近视之后的不良影响

在某个阶段，孩子会觉得戴上眼镜很漂亮或者很有气质，在这种情况下妈妈要告诉孩子戴上眼镜之后的许多不方便，譬如不可以做剧烈运动，迷人的大眼睛再也不能露出来，可能会被同学嘲笑为"四眼妹"，甚至更严重的还会影响以后的职业选择。

3. 将保护视力的方法教给孩子

在成功引导孩子树立正确的护眼观念之后，妈妈应该告诉孩子怎样保护自己的眼睛，让孩子在日常生活中就能养成良好的用眼习惯，这对孩子以后的健康十分重要。

54.

胖了不要紧，正确面对就能想瘦就瘦

那天吃饭，爸爸一如既往地把你最喜欢的大鸡腿夹到你的碗里，但是你迟疑了一下，又把鸡腿夹到了我的碗里，我和爸爸都是一愣。

你忙解释，因为觉得自己太胖了，所以最近这段时间你要减肥。听你这样一说，我立刻担忧起来，孩子，看看你的小胳膊小腿，真的需要减肥吗？今天妈妈要和你说的，就是关于减肥的问题。

如今减肥瘦身已经成了一种潮流，在减肥瘦身者的阵营中，有真正因为肥胖而需要减肥的人，也有不少盲目跟风者。没有最瘦，只有更瘦，很多人为了达到更瘦的目标，不顾自己的身体而继续将减肥进行下去。从某种程度上来说，某些人减肥已经到了一种病态的地步，还有些人因为减肥而导致了严重的营养不良甚至厌食症。孩子，如果你也被这样一股浪潮卷中，因为怕胖而不敢吃饭，那么，孩子，妈妈就要和你说说瑶瑶阿姨的事了。

瑶瑶阿姨是妈妈的一位同学，在高中时期，她可是个珠圆玉润的美人。但是瑶瑶并不喜欢自己的身材，在她看来，只有那些瘦瘦的同学才可以称得上是美女。所以，为了成为一个瘦美人，瑶瑶开始拼命减肥，她每天只吃一些蔬菜水果，米饭和肉基本是不碰的。一个月下来，瑶瑶的确瘦了不少，这让她备受鼓舞，开始更加积极地瘦身。她从杂志上找了许多的瘦身资料，使用各种各样的减肥方法让自己瘦下来，甚至还吃过几种风传效果很好的减肥药。结果人真的是瘦了，而且越来越瘦，但是瑶瑶减肥已经进入了一种病态。她瘦得连脸颊都陷了下去，腿上的青筋都露了出来，瘦削的胳膊上可以很清楚地看到骨头的形状，但是瑶瑶还在进行着她的减肥。更糟糕的是，她的精神因为减肥而越来越差，成绩也急转直下，失眠、胃痛、胀气、晕眩、贫血、长痘痘、心悸等各种症状困扰着她，因为身体太差有一次还晕倒在了课堂上。最后她的父母不得不送她去医院接受治疗。病情好转之后，瑶瑶再也不提减肥的事了，但是正值发育期的她还是受到了影响，因为蛋白质和脂肪的严重摄入不足，瑶瑶的胸部在关键的时候停止了发育，个头儿在那一年也几乎没有增长，这些都给她留下了终身的遗憾。

为什么这么多人都想更瘦？原因是我们接触到的信息中，无一不在向我们诉说瘦是一件多么美好的事情。各种各样的讯息都在向我们透露，全世界都在减肥，你还等什么？但是，孩子，你必须明白，你看到的这些"瘦美人"都是不得不瘦的职业人士，"瘦"是他们吃饭的本钱。你的年纪还小，没有必要把自己弄得那么瘦。在正在长身体的阶段，如果因为减肥而影响了正常发育甚至搞坏了自己的身体，那就太得不偿失了。所以，女儿，为了你的健康，妈妈必须要向你说一些正确的瘦身理念。

（1）健康至上。在18岁之前，身体发育还没有完成，千万不要考虑减肥瘦身的事情。

（2）瘦身其实并不难，平时养成好的生活习惯，真正需要瘦的时候，你就可以很快瘦下来。这些好的生活习惯包括：每天运动一小时；进食的顺序为汤→蔬菜→鸡鱼肉→饭菜→水果；吃饭细嚼慢咽；饮食均衡。

（3）并不是越瘦越好。身材适中或者偏瘦是最理想的，太瘦的人或许很上镜，但是很难产生气场，自然的才是最美的。

如果你做到了以上三条，那么在你需要瘦下来的时候，就可以按照下面的一些原则进行瘦身。

（1）减肥瘦身不是百米跑，持之以恒很重要。做任何事情都需要毅力和坚持，减肥也不例外。那些承受不了辛苦或者坚持不下去的人，是不可能达到瘦身目的的。

（2）营养师和健身教练的意见千万不能忽视。营养师会给你搭配一个最合理的餐单，帮助你在减肥的同时又保持健康，而健身教练会告诉你哪种瘦身方式会比较适合你。

（3）坚持上面我们所说的进食和运动习惯。

瘦身难吗？如果你有太强的功利心，急于求成，那这就是一件很困难的事情。孩子，如果你希望做一个漂亮又健康的"瘦美人"，那就听听妈妈的建议，别急于求成，也别一时兴起就要去减肥，你必须明白，减肥是一件持之以恒慢慢出成效的事情。以正确的态度来面对这件事，你就可以心想事成。

教子小贴士

1. 告诉孩子真正肥胖的人才需要减肥

面对当今社会减肥瘦身的浪潮，妈妈一旦发现孩子出现因为怕胖而拒绝吃饭或者少吃饭的行为，就要及时加以引导。妈妈要告诉孩子，身材以适中为最美，健康地瘦也是可行的，但是千万不能不顾自己的健康盲目追求瘦。

2. 告诉孩子减肥应该从平时的好习惯开始做起

最有效的减肥方式是从好习惯开始的，所以妈妈要尽力帮助孩子养成良好的生活习惯，把运动和合理的饮食相结合，这样想胖也就没那么容易了。如果孩子出现抵触情绪，就要告诉她，胖起来很容易，但是想要瘦下来就没那么容易了！久而久之，在妈妈的督促下，孩子自然就不会胖起来了。

55.
爱不爱干净决定女孩儿一辈子的福分

那天晚上，你抱着爸爸新买给你的电脑不肯松手，妈妈喊你洗澡休息，你却置若罔闻。我很生气，命令你无论如何都必须去洗澡，否则就立即给你的电脑断电。你这时候才要赖一样地搂住妈妈："不洗澡可不可以？反正我昨天刚洗过，也不脏对不对？"我立刻就生气了，孩子，现在已经不是你身上脏不脏的问题了，而是一个爱干净的好习惯能不能延续下去的问题。

孩子，作为一个女孩儿，你必须清楚地明白，干净对一个女孩子是多么的重要。在这个世界上，提到女孩儿，人们首先会想到的就是明眸善睐、清爽整洁。再进一步，提到公主，那一定是浑身洁白，翩然若仙。所以，女孩子在大多数人的心目中都是美好的、干净的，你能想象到一个浑身邋遢、甩着鼻涕、住在猪窝一样的房子里的女孩儿吗？那一定是相当令人生厌的。当然，我知道你永远也不会变成那样，你最多就是指甲里有点泥垢，衣服上有点汗味，房间里有点乱而已。但是，孩子，你必须知道，就是你这么看似毫不起眼的小毛病，就极可能会让你在别人心中的形象大打折扣，进而就有可能失去一个你渴盼了许久的机会。所以，孩子，无论你有多么忙碌，都请你一定要做好自己的清洁工作，按时洗澡、洗脚，保证自己的衣服鞋袜干净整洁，这是身为一个女孩子最基本的行为守则。女儿，你要记住，一个无论多么漂亮聪慧的女孩子，如果不能以一个干净整洁的形象出现，那么她都很难让别人产生好感。

　　当然，保持干净整洁的形象除了可以让人产生好感之外，更重要的是对你自己的健康会极有好处。孩子，你不是总想着要瘦一点吗？做家务是最好，也是最能节约成本的方法！所以，请记得每天把家里收拾干净吧！看到这里，也许你会说，妈妈真狡猾，说了半天还是想让我多干点活啊！孩子，不是这样的。妈妈让你这样做，其实并不是在哄骗你做家务，而是真的为了你好。有心理学家通过调查发现，那些爱干净、家里收拾得整整齐齐的女孩，往往是很健康的；而那些家中脏乱、总有一堆家务活没干的女孩往往体质不佳，当然，这其中也有不少懒人。为什么那些爱做家务的女孩会健康又苗条？因为洗衣服、打扫卫生、清洁房间、煮饭这些看似没有什么技术含量的工作，其实是要消耗大量的体力才能完成的。在做家务的过程中，既消耗了卡路里，又获得了健康，更让整个家看起来更美，可谓一举三得，真是再完美不过。而且，这位心理学家还说，但凡是喜欢做家务的女生，大多都受过良好的家庭教育，具有较强的自制力，所以这样的女孩子，无论是在工作上还是在感情上，都可以过得更好。相反地，那些连自己和自己的家都收拾不干净的人往往自制力比较差，抵制诱惑的能力不强，遇到挫折很容易退缩，在感情上也会经常遭受挫折。

除了让别人产生好感之外，作为一个女孩儿，你必须知道，只有爱干净，才能让你远离疾病。孩子，现在的你，可能都不会知道什么叫作妇科病。据有关数据显示，有超过八成的女人都曾被妇科病困扰，但是男人患上男科疾病的比例不超过两成。为什么女人容易得妇科病，而男人就比较不容易患上男科病呢？原因就在于男女生殖器的不同。单单以一个最常见的霉菌阴道炎为例，世界上有超过 75% 的女性都曾患此症。孩子，看到了吗，女性爱护自己是多么的重要。

那么怎样才能保证生殖系统健康呢？那就是让自己更干净、卫生，疾病自然就离你越来越远。

第一，我们来说说内衣裤的问题。内衣裤一定要选择是纯棉织物，清洗的时候一定要单独洗，原因就在于在洗衣机内也是病菌的多发地，如果家人有患有灰指甲、足癣等疾病，内衣裤放入洗衣机里一起洗就极可能会污染，造成妇科疾病。

第二，每天用温开水清洗外阴，如果没有条件，至少要保证在月经期一定要用温开水冲洗外阴。平时广告上经常使用的妇科洗液不要使用，除非你的身体出现了不良症状同时医生也建议你使用。

第三，不要图省事而使用消毒护垫。有些女孩因为懒得换内裤而使用消毒护垫，认为这样既方便又省事，其实这种观念也是错误的，这样做极可能会导致外阴部透气性不好，进而造成环境潮湿闷热，霉菌自然就更容易滋生并大量繁殖。

第四，爱干净也要适度。有些女孩儿总觉得用清水不能将外阴清洗干净，于是又拿起香皂或者沐浴露进行第二遍清洗。没错，你是洗干净了，但是同时也将那些有益菌洗掉了，霉菌当然长驱直入，妇科疾病自然更容易找上你了。

所以孩子，为了你在别人的心中有一个好印象，在结婚之后有一个干净整洁的家，有一个健康苗条的身体，请记得一定要爱干净，这是你生活幸福的一个基本条件。把清洁养成一个习惯，并持续下去，不要因为一点点的诱惑而改变。人越长大，面对的诱惑越多，如果一个女孩儿一遇到诱惑就可以马上弃自己的好习惯于不顾，那么，孩子，我不得不说，你将来的路一定不好走。这其中的道理你能明白吗？

教子小贴士

1. 告诉孩子，一定要干净才能引起别人的好感

如今的娱乐方式越来越多了，孩子在完成学业之后剩下的玩耍的时间并不多，自然就希望能在有限的时间内尽可能地多玩游戏，所以看似不那么重要的清洁工作自然就不受重视了。这时候，

妈妈一定要告诉孩子：必需的清洁工作不但要做，而且一定要做到位，这是身为一个女孩儿最基本的行为守则，也是让人产生好感的一个基本条件。

2. 告诉孩子，做家务其实也是一个完善自己的过程

很多年轻漂亮的女孩子往往不喜欢、不善于清理自己的家，所以尽管她们出门的形象很光鲜亮丽，但是真正能代表她的状态的还是家里的状态。妈妈要告诉孩子，一个女孩儿除了要把自己收拾得整洁，还要把自己的家整理干净，家里干净了，心也清爽了。如果孩子将这个好习惯保持下去，那么她在自律的能力上一定会大有进步。

3. 告诉孩子，女孩儿的健康同爱不爱干净密切相关

因为身体构造的原因，女孩子容易被妇科疾病侵扰。妈妈要告诉孩子，想要健健康康地做个干净女孩，一定要注意对私密部位的清理。最好每天使用温开水清洗外阴，这样既可以保证在上床的时候清爽舒适，还能彻底阻断病菌来袭。在妈妈的督促下，孩子将这个由内而外干净的好习惯持续下去，生活也会变得幸福又开心。

第八章
切记：爱并不是拉拉手那么简单

不知道什么时候，你已经开口问我什么叫作爱情，嘴边还时不时地透露一些班里谁对谁有好感的小秘密。这是值得庆祝的，因为你已对异性的爱有了一定的感应能力。但妈妈要说的是，真正的爱并不只是拉拉手那么简单，在你还没有想好怎么经营它、面对它的时候，还是尽可能地让这一切晚点到来吧。

56.

含糊不清的暧昧最害人

孩子，听老师说你经常和一个男同学在一起玩，于是我问你是不是喜欢那个男孩，结果你很干脆地告诉我：当然不是！我只不过觉得他那个人不错罢了，所以邀请我一起出去玩我便没有拒绝，因为我不知道该怎么拒绝他……孩子，听你这么一说，我不禁担心起来。孩子，你这种暧昧的态度不仅会对别人造成伤害，同时也会伤害你自己。接下来，妈妈就要和你说说这个关于暧昧的问题。

孩子，你已进入青春期，随着荷尔蒙的分泌，你会喜欢上某个男孩，当然，也会有男孩喜欢你，这都是很自然的现象。当然，妈妈是不提倡早恋的，因为此时你才十几岁，未来有太多不确定的因素。一旦陷入爱河，你的精力十有八九是不能再放在学习上了。所以，孩子，相信现阶段的你，从内心里还是希望自己不恋爱的。

可是，这时候突然有个男孩子对你表示好感，你该怎么办呢？拒绝他吗？不太好吧！你一定觉得，作为朋友或者同学，你们总有机会再见面，如果你拒绝了对方，那么下次大家再见面岂不是很尴尬？但是现阶段的你，并不希望与对方发展成为男女朋友，但是又不想拒绝，那么最常见的局面是什么呢？你和他处在了暧昧的状态下。

他经常打电话对你嘘寒问暖，你也报以礼貌的回复；他会送一些小礼物给你，你接受，然后偶尔也会送一些给对方；他约你一起外出游玩，恰好你也正想去，于是你欣然同意……时间久了，你们成了理所当然的男女朋友，虽然你自己可能并不那么认为，但是在男孩和外人的眼里，你们已经是了。

这样会造成什么样的结果呢？

首先，被人误会，错过正确的人。外人误会你已经有了男朋友，那么他们中的大多数都会认为你已经名花有主，所谓"君子不夺人所好"。即便有一天你遇见了喜欢的男孩，想要跟对方交往，对方也会因为你与别人的暧昧而对你敬而远之。

其次，女孩的名节更重要，坏名声一旦传出去，可能会误了你的终身。可能你自己觉得无所谓，暧昧就是暧昧，那不是爱，你或许与许多人产生过暧昧，你自己很清楚那不是恋爱。但是在别人的眼中，可能就是另一种看法，那就是你是个轻浮的女孩，总是会更换交往对象。无论你知道不知道、会不会反驳这种谣言，它都会传播到很远的地方，以后大家说到你，第一印象可能就是你是一个很轻浮的女孩，是靠不住的。甚至，他们可能会把一些污秽的字眼用在你的身上。孩子，年纪轻的人因为阅历的关系，可能对这个社会的认识还不够深刻，但是有一点你必须清楚，这个社会对女孩子的要求是更为严苛的。如果有一天你遇到了一个自己真心喜欢的人，但是你的名声却已经毁了，那么对方可能会被你的坏名声吓倒，你就失去了与人进一步交往的机会。或者退一步，即便对方不在乎或者可以理解你，但是他不能让所有的人同样理解你。无论是婚前还是婚后，你都有可能会因为之前的暧昧而得不到对方亲友的认可。

第三，对方可能会生气、伤心甚至恨你、报复你。如果某个男孩和你一直暧昧下去，虽然你不曾承认和他的关系，也不曾接受他的爱，但是却一直愿意和他游玩、吃饭、做功课、看电影等，做那些男女朋友之间经常做的事情。那么他会认为你就是一个含蓄的人，你的沉默就是一种默认，他会顺理成章地把你当作他的女朋友。时日一多，他对你的感情也就越变越深。可是当某一天，你的身边又出现了别的男孩，那么这个自认为是你男友的男孩一定觉得无法接受，他生气、失望、痛苦，甚至绝望到伤害自己的生命。或者他恼恨你，恼恨你的男友，以至于丧失理智要伤害你或者你的男友。

看到了吗，孩子？暧昧或许让你不得罪朋友，也或许可以让你享受被人追求的快乐，但是，你失去的，却远远多过得到的。所以，为了你的名声，也为了不让任何人受伤，孩子，在你不喜欢或者不确定自己是不是喜欢某个男孩子的时候，就别再畏惧拒绝他，不要做任何让人误会的事情。

当然，孩子，随着时间的推移，你也会遇到一个自己喜欢的男生，当这个男生知道你喜欢他，但是态度依然暧昧的时候，你就应该明白：这个男人是不喜欢你的！如果他喜欢你，一定会接受你这个道理你还是要明白的。

总之，孩子，当你遇到不喜欢的人向你表白的时候，你一定要清清楚楚、明明白白地告诉对方：谢谢你的厚爱，但是你不是我喜欢的类型，我们还是做普通朋友吧！你的坦白可能会让你失去一个朋友，但是相对暧昧而言，这个牺牲实在算不了什么。

教子小贴士

1. 告诉孩子不要和不喜欢的人暧昧不清

随着孩子年龄的增长，会遇到男孩示爱的情况，这时的孩子年纪小，可能不知道该怎么处理这种问题。这时候妈妈要告诉孩子，不能因为怕得罪人、占便宜、贪慕虚荣等原因而与对方保持亲密，既不说不爱，也不说爱，这种情况是最伤人的。

2. 告诉孩子暧昧的危害

如果孩子不知道暧昧的坏处，妈妈就可以使用一些事例来告诫孩子，让孩子明白暧昧为什么不好，让孩子明白处理感情的时候快刀斩乱麻，直接告诉对方"我不喜欢你""你不是我喜欢的类型""我已经有喜欢的人了"，或者用冷淡来说明自己的态度，才是将伤害减少到最少，也是最节省时间和精力的感情处理方法。

3. 让孩子明白暧昧往往意味着不爱

妈妈要告诉孩子，如果向别人表白而对方的态度一直很暧昧的话，女儿就应该对其敬而远之。因为对方的暧昧已经表明他并不喜欢自己，一味强求只能浪费自己的时间和精力。

57.

假如不确定你们未来的样子，最好还是先等等

孩子，在不知不觉之间，你已经成了一个迷人的少女，但是粗心的我，却一直把你当作一个不谙世事的小女孩看待。直到那一天，你告诉我，妈妈，我喜欢一个男孩子，他也喜欢我，我可以和他恋爱吗？我顿时不知道该说些什么，我不想你在尚未成熟的时候轻易与人交往，但是同时也担心反对会让你不快乐。所以，妈妈最终还是决定好好地坐下来给你说说这个问题。

每个有幸来到这个世界上的女孩子，都是一位美丽的天使。这是妈妈曾经和你说过的话，你一定还记得吧？孩子，小的时候，你是爸爸妈妈手中的珍宝。渐渐长大后，爸爸妈妈也同样视你为

生命中不可或缺的一部分。当然，随着你这个小天使慢慢长大，爸爸妈妈心中患得患失的感觉却越来越强烈了。在当今社会，一个女孩子面临着更多的诱惑，多了许多选择的机会，与人接触的时间也越来越多，所以，终有一日，你会出于某一种可能连你自己都说不明白的原因，爱上一个男孩，而这时候，你还只是一个十几岁的孩子！一个连自己未来方向都尚未明确的孩子！

　　还记得李阿姨吗，那个每次来咱家你都说很漂亮的那个阿姨？她和妈妈是六年的同学，本来我们约好要一起考大学的，可高中的时候，她喜欢上了一个男孩，那个男孩也喜欢漂亮的李阿姨，于是两个人相恋了，爱得轰轰烈烈。老师们拿他们没办法，家长也拗不过他们，于是高中毕业后他们就举办了婚礼（因为年龄不到，也没有领结婚证）。不久李阿姨就发现自己怀孕了，李阿姨的老公觉得自己已经结婚了应该要负起照顾家庭的责任，于是就决定出去打工，李阿姨就安心在家待产。10个月后李阿姨生下了一个漂亮的女儿，于是她又一心扑到照顾女儿上，没有去工作。寂寞的时候想找以前的同学、朋友聊聊天，可是却发现自己不知道能和她们聊什么了，因为生活的世界不一样了，接触的人群也不一样了，聊了几句通常就没话讲了。所以她和这些同学的联系也越来越少了，她完全把自己隔绝出来了。又因为要照顾孩子，学历也没有，工作也不好找，她渐渐地迷失了自己。有一天她哭着对我说，她后悔这么早结婚，把自己弄得这么狼狈，在最美丽的年华里失去了自己的人生。

所以，人生最美的时光，莫过于十七八岁的青春少女时期。可能很多人都会对你说，趁着年轻就要轰轰烈烈爱一场。青春萌动的岁月里，渴望爱情是一种理所当然的事情。但是，孩子，无论到什么时候，你都要记住，青涩的苹果固然诱人，但是它是酸的，你过早地摘下了它，便再也没有机会品尝到它成熟之后的美味。

妈妈说这么多，并不是一定要你非得等到大学毕业工作之后再去恋爱结婚，而是想告诉你，恋爱也分好多种情况，在决定爱上某个人之前，你要问问自己知不知道什么是爱情，然后再看看自己是不是具备恋爱的条件。

首先你要了解什么是爱。曾有人说，爱不是一种感官刺激，更不是排解寂寞、除压力的迷幻剂，它代表着一种责任，一种超越生死的相濡以沫的情愫。说得真是精辟对不对？这个世界上，一见钟情是最靠不住的，或许这个观点会遭到许多人反驳，但同时也是一个毋庸置疑的现实。电视上把生离死别的爱情渲染得如此动人心魄，但是现实生活却完全是另一副模样。孩子，你必须知道，一段成功的爱情和一桩幸福的婚姻是要落在实地的，是要和柴米油盐打交道的，"贫贱夫妻百事哀"是一个许多人都无法逃避的现实，当两个人的感情遭遇现实的考验，可能不会一拍两散，但十之八九是注定要不幸的。这些你明白吗，孩子？

其次，孩子，妈妈知道，谁都想得到别人的爱，都想得到别人的关注，可是这一切是需要资本的，你自己静下心来好好想一想，你有什么资本能够让一个男孩对你死心塌地？即使你有这样的资本，那这个男孩子有什么能力能负得起责任？你现在还离不开父母，什么都要靠着父母，又如何去应对残酷的现实和未来？所以，孩子，现在的你还没有条件去自由自在地恋爱，等你长大了有能力去赚取足够支撑你生活的薪水之后，再去思考这种事也不晚。

恋爱不是空中楼阁，它是需要考量经济因素、家庭环境、性格融合、到老了还会不会有话说等诸多方面的。尽管现如今许多人在恋爱的时候都是抱着给自己留一段（而非一生）美好时光的想法去开始一场恋爱，但是妈妈对这种观念并不赞同。孩子，你必须明白，社会对一个女孩子的要求远远要高于男孩子。男孩子可以把谈过多少次恋爱，有过多少个女友作为炫耀的资本，别人可能还会对他报以羡慕的眼光。但是若有一个女孩子也说起自己谈了多少次恋爱，有过多少个男友，那么听者所回应的，一定是鄙视！所以，好女孩的每一场恋爱都应该是慎重的，更进一步来说，应该是以结婚为目的，找到一个适合自己的伴侣，幸福地过一生。所以，女儿，聪明的你，一定会做出一个明智的选择。

教子小贴士

1. 告诉孩子别因为青春悸动而妄下决定

在孩子告诉妈妈她喜欢某个男孩子的时候，妈妈一定要给予肯定的态度，告诉她这很好、很正常，每个女孩儿在这个年纪都会开始有喜欢的男孩。妈妈需要陈列些事实，适当地引导孩子，让她知道这个时候开始恋爱并不是一件好事，爱情悸动留在心中会更美。

2. 引导孩子树立正确的恋爱观

妈妈要告诉孩子，什么样的年龄做什么样的事情，不要为了刺激、炫耀而恋爱。爱是一种责任，聪明的女孩儿更要懂得洁身自爱，把喜欢的男孩转变为喜欢的朋友，等到思想成熟、有经济能力的时候再去考虑这个问题也为时未晚。

58.

禁果没那么好吃，那是傻瓜式的牺牲行为

昨天你放学后回家，一脸神秘地对我说："妈妈，我们班的悠悠今天被校长叫到办公室了，还有隔壁班的一个男生，好像是两个人在学校后门拥抱被教导主任看到了。"说到这里，你的脸一下子红了。孩子，妈妈最近正想找个机会，跟你说说这个比较不好开口的男女关系的问题，在这个事情上，妈妈希望你今后能少走弯路。

孩子，时光流逝，不知不觉之中你已经出落成了一个大姑娘，容貌精致，身材高挑。当初医生告诉妈妈生出来的是个女孩子时，

妈妈就知道自己要对你花更多的心思。妈妈并不是不喜欢女孩子，而是作为一个女孩子，由于和男孩子的生理结构不同，以后需要承担的社会角色和社会责任也会不同，相比男孩子来说，女孩子更容易受伤害。所以妈妈需要对你付出更多的爱，告诉你更多的事情，其中最重要的一点就是女孩子一定要学会保护自己。

相信你已经开始收到一些男孩示爱的信件或者其他表示，而你的心目中可能也已经有了倾心的男孩子，或许你们有一天会开始交往，像真正的恋人那样相处，这是难以避免的，每个女孩子都会经历这一步。但是对于你们这个年纪的孩子而言，恋爱归恋爱，妈妈希望你能保持清醒的头脑，不要做出越轨的事情。毕竟，你们的年纪还很小，心理也并未成熟，对自己真正想要什么并不清楚，未来对你们来说还如同白纸一般。你们的恋爱往往是由于对异性好奇，希望得到异性的青睐。还有，现在的年轻人中流行早恋，而青年人又容易从众，当恋爱成为风潮时，自然自己也会想找一个男朋友，而这个男朋友，可能并不适合你。

近些年来，我们从电视、报纸等新闻媒体上看到早恋酿成恶果的新闻也越来越多。每每看到这些新闻，妈妈就会觉得很痛心，仿佛是自己的女儿一般。你记得外婆家隔壁的那个叫琳琳的姐姐吗？你不是问妈妈她为什么年纪这么小就不读书吗？妈妈今天就给你讲讲她的经历。

琳琳是个很漂亮也很独立的女孩，从小学到初中，琳琳的成绩一直都是名列前茅的，琳琳的父母提起自己家的孩子就觉得很骄傲。但是这种局面并没有持续很久，琳琳自从考上了重点高中之后情况便发生了极大的变化。

放眼全班，几乎全是优等生，而琳琳的成绩也就是个中等而已。这让从小就生活在光环中的琳琳很不适应，她开始变得消沉起来，这时候，一个男孩子走到了她的身边。男孩叫郑松，是全班成绩数一数二的男孩子，郑松对琳琳很关心，经常帮助琳琳解决学习上的问题，有时候琳琳在生活上遇到什么困难也会向郑松求助，郑松都会毫无怨言地帮她解决。渐渐地，琳琳与郑松演变成了男女朋友的关系，他们一起学习，也经常暗递情书。周末的时候是他们最开心的时刻，因为那时候琳琳便会与郑松到公园、电影院等一切适合约会的地方进行约会。

青春萌动的郑松很快便对琳琳提出了性要求，开始的时候琳琳很害怕拒绝了他，郑松很是失望，情绪也不好了。后来他又连续纠缠了琳琳好几次，并表示以后自己一定会和琳琳结婚的，琳琳终于还是心软了。

没过多久，琳琳就发现自己怀孕了。当她把这个消息告诉郑松时，两个人都吓坏了，他们还是高中生，怎么可能生孩子呢？但是他们又不敢和父母说，于是郑松便带着琳琳去了一家小诊所。琳琳很害怕，她哭了。郑松安慰她说，自己会一直在她的身边。但是琳琳还是很快就吃到了苦果，她每隔一段时间就会觉得小腹隐痛，有一次在家里居然还疼得晕了过去。爸爸妈妈把她送到医院一诊断，这才发现了琳琳已经因为流产不完全而造成终身无法生育的事实。

作为女孩子，在和男孩子的交往中一定要学会把握尺度，珍爱自己的身体，因为对男孩子而言可能偷吃一次禁果是不足为道的事情，但是这对女孩子以后的生活则会造成重大且不可逆转的影响。你已渐渐长大，以后会有自己的男朋友，也可能会遇到这种情况，孩子，请你一定要记住妈妈的话：守住自己的底线！一个懂得爱自己的人，生活才会爱你。

教子小贴士

1. 告诉孩子女孩子和男孩子的不同

由于女孩子特殊的生理结构，在两性交往中，女孩子往往容易成为受伤害的对象。妈妈要告诉孩子，如果不能把握好自己年轻的冲动，那么结果是她难以预料的，男孩子可以轻松地走开，女孩子却要面临身体和心灵的双重伤害。

2. 让孩子明白偷吃禁果的严重性

如果女孩子因为年少无知而犯错，那么不仅会对自己的身体造成伤害，还会造成无法弥合的心灵创伤。妈妈可以通过举例告诉孩子，偷吃禁果可能会把一个女孩子推入人生的谷底，并且永远无可挽回。

3. 告诉孩子女孩子一定要爱惜自己

女孩子来到世界上，就注定处于弱势地位，稍有不慎就会受到伤害。妈妈要让孩子明白，男女交往中，男性对女性提出要求往往是由于身体需求，并非一定是出于想长相厮守的愿望，让孩子不要感情冲动。慎重对待自己，学会爱惜自己的身体，爱自己的人才会得到真爱。

59.

喜欢需要智慧，告白需要看时机

孩子，前几天妈妈看你每天心事重重的，问你是不是有什么事情，你却总是说没事。但是你那蹙起的眉头却分明清清楚楚地告诉妈妈你"有事"。但是妈妈一点儿都不着急，因为从你每次看到我都是一副欲言又止的样子，妈妈就知道你总会找机会告诉我的。果然，晚上吃过晚饭，爸爸出去之后你就偷偷地溜进了我的房间。你害羞地说："妈妈，问你个事情，不过你要保密，不能告诉别人。"我点点头，向你保证绝对不告诉别人，你这才将事情的原委告诉我。原来是你的好朋友梅梅喜欢上了你的同桌周帅，可她不知道要不要表白，于是就问你，可是你也不确定，于是你就找妈妈问问。其实妈妈能够理解，梅梅是怕如果表白了万一周帅不喜欢她，到时候不只尴尬，还会失去一个朋友。可是不表白又不甘心，这样他什么时候才知道自己的感情啊！听到你用苦恼的口气将整件事告诉我，我就忍不住笑了。孩子，你已经知道了感情是怎么一回事儿，那么妈妈今天就同你聊聊表白的问题吧！

十七八岁，正是情窦初开的年纪，这个年纪的女孩儿对爱情充满了憧憬与渴望。尤其是在电视剧的渲染下，爱情更是多了许多浪漫的色彩，所以女孩们便会从自己的身边找出心仪的对象并希望能同他成为恋人。但是找到合适的对象并不意味着幸福就会马上来临，恰恰相反的是，女孩的烦恼才刚刚开始，她的心里开始纠结：我喜欢他，可是他喜不喜欢我呢？该怎样让他知道我的心意呢？我真的要表白吗？可是表白了之后如果被他拒绝那该多尴尬啊……

这种心态，许多女人都有过，妈妈也不例外。如你一般年纪的时候，妈妈的心里也曾有过喜欢的对象，那时候只要一看到他的影子就会觉得心跳加速，然后还会有一股甜蜜蔓延整个身体。但是妈妈最终还是没有表白，一是因为羞怯，毕竟是女孩子嘛！另一个很重要的原因，那就是妈妈知道，在一切尚未成熟之前，即便是表白得到了对方肯定的回应，也并不一定就是幸福的事。因为在妈妈身边，就曾发生过一些让人痛心的、因表白而起的伤心之事。

小叶和小武是关系很好的同学，从第一眼看到小武开始，小叶的心就砰砰砰地加速跳个不停。但是和出色的小武相比，小叶看上去真的是太不起眼了。情感还是最终战胜了理智，小叶最终还是选择了向小武表白。结果小武听到小叶的告白，竟然笑了，他委婉地拒绝了小叶，但是背后却对同学宣扬：小叶真是癞蛤蟆想吃天鹅肉了，竟然胆敢喜欢我，也不拿镜子照照自己的那副样子……在有心人的肆意渲染下，小叶的糗事被传遍了全校。从那之后小叶便再也不敢向任何人表白了。

看到了没？孩子，盲目表白就是这样深深地伤害了一个女孩儿。所以，妈妈希望你能记住，如果你喜欢一个男孩，想要向他表白，那么请先看看妈妈的建议再做决定：

（1）在你不确定对方是否喜欢你之前，不要告白，先缓一缓。每个人的心里都会有一个喜欢的标准，但是在开始的时候，你可能并不知道对方喜欢什么类型的女孩儿。你若真的喜欢他，就要让自己变成他喜欢的类型。在你不具备他所喜欢的条件之前，不要说出来，否则遭到拒绝，你不但失去了面子，也永远地失去了和他交往的机会。

（2）女孩儿还是矜持一点的好。尽管现在是个性解放的社会，许多人提倡爱要大胆说出来，但是我们还是必须要承认这样的一个事实，一个矜持的女孩往往能给人留下更好的印象。不管是过去还是现在，那些随随便便就把爱挂在嘴边的女孩，不管在哪个国家，哪个城市，都会让人侧目甚至鄙视。当然有这样行为的女孩儿不一定都是坏女孩儿，但是她却轻易地毁坏了女孩儿应该拥有的矜持。

（3）表白的话，还是留给男孩来说吧。男人本性里都有一种探险意识，越是得不到的东西越渴望得到，越是弄不明白的东西就越要弄明白。那些不容易让人猜透心思的女孩子往往更有魅力，也更容易引起男孩的兴趣。把表白的权力留给男孩来说，他会更珍惜来之不易的机会和幸福。

妈妈有一个大学同学，一个很聪明很漂亮的女孩子，她爱上了公司里的一个才华横溢的小伙子，那个小伙子是公司的管理人员，但我这个同学却只是一个初入职场的小女孩。因为意识到这种差距，她一直没有向这个小伙子表白，聪明的她分析利弊之后，发现自己即便是表白也没有任何优势可言，她更需要的是将自己最优秀的一面展示出来，然后耐心地等待时机。于是从那以后妈妈的同学就开始从各个方面培养自己。首先，她每次上班都会把自己打扮得得体而优雅，每次见到那个小伙子都会让他看到最好的自己。其次，她比平时更努力地工作，每次开会的时候，总是做好充分的准备，展现自己最好的一面。就这样过了一段时间，她居然接到了对方的电话。男孩羞涩地说："可能你对我还不怎么了解，但是可以给我一次我们彼此了解的机会吗？"所以你看，孩子，女孩子想要争取自己的爱情，就要动用自己的智慧。

教子小贴士

1. 告诉孩子要做好充分的准备，这样在遇到喜欢的人的时候才有吸引对方的资本

引导孩子往优秀女孩儿的方向发展，适时地告诉她招人喜欢的女孩子应该具备哪些条件，让孩子往那个方向努力。告诉孩子只有一个人的资本积累够了，对方才会自然而然地喜欢她，并主动向她表白。

2. 告诉孩子，女孩儿还是矜持一点儿好

在当今社会，女孩儿可能会认为，男孩女孩谁先告白都一样。那么这个时候一定要告诉她，女孩儿要学会矜持，只有矜持的女孩儿才会被人尊重。

3. 告诉孩子，女孩儿最好不要主动告白

把告白的机会留给男孩。男孩更喜欢挑战，他们对于主动表白的女孩儿并不会给予足够的重视，而只有千辛万苦求来的，他们才会像宝贝一样地捧着。所以妈妈要告诉孩子，尽量不要主动告白，给予对方了解自己的机会，如果他喜欢你，自然会向你告白的。

60.

如果还不能承担，就别动牵手的念头

孩子，今天你一从外面回来，就把我拽到你的房间，红着脸扭捏地对我说："妈妈，有一个男孩向我表白了。"我当时也起了兴趣，问道："是谁啊？"你红着脸说："就是小董啊！"喔！妈妈知道了，小董就是你天天挂在嘴边的那个男孩子，高高帅帅的。于是我问你："那你喜欢他吗？"你不好意思地跟我说："嗯，喜欢！"答案在妈妈的预料之中，我沉默了一下。你看我没有说话，就小心翼翼地看着我问："妈妈，你会嘲笑我吗？"我立刻就笑了："怎么会呢！小董是个很好的孩子啊！"你好像放心了，然后你轻轻地问我："妈妈，那我可不可以和他交往看看啊？"看得出来，你很希望妈妈支持你，希望可以开始一段美好的恋爱。可是，孩子，妈妈现在想和你说的是，在你这个年纪，是不应该开始一段恋爱的。

孩子，首先谢谢你把妈妈当作朋友知无不言，这证明爸爸妈妈一直以来的教育方法并没有错，在你遇到事情时知道征询妈妈的意见，不像别的女孩子，因为怕父母反对，就偷偷摸摸地按自己的想法去做了，这是让妈妈觉得很欣慰的地方。孩子，你是妈妈心中的宝贝，对于那些能够让你快乐的事情，妈妈一向都是抱着支持的态度，但是在结交男友的这件事上，妈妈还是希望你能慎重地考虑一下。现在的你，还只是一个十几岁的孩子，像娇弱的小花一样经不起什么风吹雨打。而你喜欢的男孩也只有 17 岁，就像是一棵正在成长的小树。小树还不够苗壮，庇护不了柔弱的小花，你们之间的那点爱情可能因为现实中的风吹雨打而失败，留下的只能是遗憾。

而且，孩子，现在的你，心智尚未成熟，价值观也尚未稳定，对于未来，还没办法做出很好的打算。如果现在就把自己捆在一棵小树上，那么你注定要错过将来的一片森林，为什么不到森林里看看呢，它就在不远的前方！

孩子，或许这样说让你不高兴，你是一个专情的女孩子，怎么妈妈说得好像你有多花心一样呢！但是妈妈还是要郑重地告诉你，爱情不是简单的好感就可以，它更需要的是一份责任。两个不成熟的孩子，还在父母的庇佑下生活的孩子，哪里有能力去独立经营爱情呢？孩子，不管是来自于你身边正在上演的实例，还是你从电视上看到的爱情，可能都会给你一种"恋爱＝浪漫"的感觉，但是仔细想想你就能发现，这种浪漫其实是需要有一定的经济基础的。两个人恋爱，肯定是要一起吃饭、逛街、看电影，这些都是要钱去铺垫的啊！在你们一切还靠父母的情况下怎么可能去谈一场毫无负担的恋爱呢？而且现如今的你，正处在学习的黄金时期，如果在感情方面投入了太多的精力和时间，那么自然而然的，你花在学习上的精力和时间就会大大减少，成绩下滑也是必然的事。届时，家长的责备、老师的询问、竞争对手的幸灾乐祸都会让你对之前的行为后悔。尤其是当大学的录取通知书下来的那一刻，看着别人欢欢喜喜进入理想的大学，你难道不会后悔没有更努力一点，也许你可以做得更好的想法吗？所以，孩子，在你还年轻的时候，不要让感情来左右你，纵使真的是有了感情，也该埋在心里，暂时珍藏，让它晚些开花结果，真正的感情是经得起考验的。等一等，为自己赢得走向成熟的时光，那时你就拥有了重新审视的机会，你也能做出正确的选择。

其实，妈妈年轻的时候也曾很喜欢一个男孩子，那个男孩子很优秀，学习好，篮球打得好，长得也颇帅气。妈妈只要一见到他内心就忍不住小鹿乱撞，那时候真觉得最爱的就是他了。可是妈妈的一个最好的朋友也喜欢那个男孩子，她也知道妈妈喜欢他，所以我们两个就约定谁也不要告白，先把心情写进日记本中，等着那个男孩子来选，无论他选择了谁，我们的友谊都不会被影响。就这样我们每天都把自己的暗恋心情写进记事本，可是慢慢地，妈妈发现自己的记事本中也开始记入其他的男孩子，这时妈妈才意识到，自己对那个男孩子的感觉并不是爱，而是一种佩服、羡慕、仰慕的情怀。因为当有更优秀的男孩子出现时，妈妈的目光就转移了。妈妈的那个好朋友也开始偷偷地告诉妈妈，她发现自己好像也不爱那个男孩子了，于是我们两个会心地笑了。

所以，孩子，你看，那个年纪哪里懂得爱啊，我们只是对于优秀的一种羡慕，一种好感，只是恰好对方和我们不同性别而已。在你这个年纪，对男孩子好奇、有好感是很正常的，谁没有喜欢过优秀的男孩子呢？可是这个年纪的女孩儿并不具备懂得爱的情商和智商，还分辨不出爱和好感的区别。所以，孩子，在你还不能承担什么之前，不要把你们之间的关系定位。

教子小贴士

1. 告诉孩子在这个年纪对异性有好感是正常的

青春期的女孩子或多或少都会开始期待浪漫的爱情，妈妈要告诉孩子爱情是浪漫的，可是它也是需要资本的。在自己还没有资本的时候，好好地珍惜这段"爱情"，将它埋在心里，把精力放在积累自己独立的资本上，不管是美丽的外貌还是内在的修养，让自己具备一个优秀女孩子应该有的一切，不要因为贪恋一时的开心，而失去以后的幸福。

2. 告诉孩子要在正确的时间做正确的事情，不要盲目地去模仿大人式的所谓的"恋爱"

妈妈可以通过事例告诉孩子，许多原本看上去很美好的恋情到最后却往往发现只是一种不成熟的决定。一段不成熟的恋情会让她失去更多：当一个人陷入恋情，可能就会忽略其他的朋友，而且这些事情会让你自己分心，耽误了正常的学业，也会失去老师和同学的肯定，那么自己也失去了很多的快乐。

61.

对的人在未来等你，
别因眼前剥夺了与他相遇的机会

在这个世界上，越来越流行速食文化，许多年轻人对待爱情可以随便得几乎让人难以忍受。当然，妈妈不希望你是一个这样的人，爱情不是游戏，不要随便地对待它。

孩子，从你一出生，爸爸妈妈就希望你能成长为一个健康快乐、心灵纯洁的女孩儿。女孩儿和男孩儿不一样，在爱情方面女孩儿通常都是处于弱势，是容易受伤害也是最容易受到苛责的一方。如果男孩儿女孩儿犯了同样的错误，女孩儿受到的苛责绝对比男孩儿要严厉。所以，孩子，面对爱情的到来，你一定要以谨慎的态度应对，绝对不能仅仅把它当作好玩的游戏。无论是过去还是现在，不管是东方还是西方，一个女孩子，只要她是凛然不可侵犯的，那么在异性的心目中她就是一朵高贵的花朵。面对异性，女孩一定要自爱，这样的女孩才能让人肃然起敬。

妈妈有一个大学同学，因为一直忙于学业，没时间谈恋爱，眼看到了大四的下半学期，工作找好了，整天待在学校无所事事。看着身边成双成对的同学，她越来越觉得寂寞，所以她花了一个月的时间认识了她当时的那个男朋友，两个人抓紧时间恋爱、玩乐，几乎没有分开过。临近毕业，女孩子忽然发现自己怀孕了，便跑过去问男孩子怎么办。男孩子一听脸都吓白了，半天才说："要不做了吧，因为我们认识的时间还不长，而且我们将来会去哪里也不知道。"女孩没办法，最后哭着把孩子流掉了。那种伤心，恐怕是一辈子都难以释怀的。所以，孩子，无论你有多么渴望有一个男友，都不能随便找一个人让自己告别单身，那种因为随大流或排解寂寞的恋爱心理更是要不得。如果女孩子不认真对待爱情，那么男孩也只会随便地对待你。

妈妈还要告诉你：不要为了恋爱而恋爱，更不要为了结婚而结婚。

或许在这里同你说结婚有些早了，但是因为现在有太多的人闪婚闪离，所以妈妈还是防患于未然，把这一点一并给你说了吧。女儿，相信你也看到了，现在社会上流行两个名词叫"剩男""剩女"，就是指那种年龄大了还没有结婚的男孩儿女孩儿。很多女孩儿害怕成为"剩女"就把自己早早地嫁出去了。可是，孩子，妈妈认为，"剩女"也没什么不好，之所以剩下，是因为对的那个人还没有出现。每个人都有跟自己最契合的一个人，也许只是那个人离得远，我们可能要等得久一点而已，有耐心的人等下去了，她们便终身幸福。所以，孩子，妈妈告诉你，当你遇见那个人的时候，你就会知道，他就是你要等的人啊！就像妈妈遇见爸爸那样，当年在遇到爸爸之前曾有一个男孩疯狂地追求过我，长得又高又帅，而且家里条件非常好。当时妈妈的家人、朋友都劝我结婚，说这么好的一个男孩子放着不结婚还等什么啊！可妈妈就是感觉不对，最后还是分手了，为此你外公外婆差不多半年没理妈妈。一年后，妈妈遇见了你那个不高不帅憨厚老实的爸爸，可妈妈就是觉得舒服，这就是我的那个他，于是我们顺理成章地在一起了。你外公一直都不能理解，为啥妈妈最后挑了这么一个人，可是对妈妈来说，他就是对的那个人。所以你看孩子，别人不也老在你面前说"你爸爸对你妈妈真好"这句话吗？所以，孩子，对于爱情，你一定要睁大眼睛看清楚。不要因为别人都恋爱了，自己也要凑合着谈一个，这样是对自己和对方都不负责任的行为。好女孩应该耐心等待，直到那个对的人出现，然后你只需要轻轻地对他说一句"你怎么这么慢啊？"或许这也是一种幸福吧！

　　孩子，最后妈妈还要告诉你一点，这个世界上我们会和很多人擦身而过，也会与很多人产生交集，但是陪在我们身边的人，却只能有一个。孩子，也许，在你花一样的年龄中，你会遇到很多的男孩，当然也有些是你喜欢的，可是孩子不要盲目，擦亮你的眼睛，谨慎处理。如果有男孩尊重你，将你当作好朋友，请你温文尔雅，落落大方地给予回应，或引为知己高谈阔论，或一笑了之，然后相忘于江湖；如果有男孩意图轻薄你，那么请不要客气了，绝对要对他还以颜色，让他明白你是不可侵犯的。要自己有一套与异性相处的原则，把握做好人的度。现实中，有很多女孩在面对男孩的死缠烂打时，都是心理防线不够而被攻破，结果却发现男孩的目的不纯。所以，孩子，当你在面临这样的情况时，一定要坚定地说"不"，不要给别人留下"很好追"的感觉。因为真正陪你过一生的人是真的发自内心珍惜你的人。

教子小贴士

1. 告诉孩子要认真对待感情

女孩子在感情上要比男孩子吃亏一些，女孩面临的压力要大一点，所以妈妈一定要将正确的恋爱观告诉孩子，不能盲目地因为某些原因去恋爱。

2. 告诉孩子谨慎对待婚姻

婚姻是神圣的，尤其是女孩子，婚姻是一辈子的事情。妈妈一定要教会孩子擦亮眼睛，理性思考之后再做出决定。

62.

有些时候，千万别睁只眼闭只眼

孩子，那天你跟堂姐出去逛街回来，妈妈看到你堂姐的脸色不好，一进家就把自己关进屋里了。妈妈有点不解，你跑过来偷偷告诉妈妈说，你堂姐在街上碰到她男朋友了，结果却发现他和另一个女孩特亲密地在一起吃饭。表姐就跑过去质问，那个女孩是谁，堂姐的男朋友说，那是他的一个高中同学，好久没见了。表姐不相信，两个人就吵起来了，后来表姐生气了，就跟那个男生分手了，所以心情不好。最后你还气愤地说要是你的话，你也和他分手，太可恶了，一脚踩两船。孩子，你必须明白，在爱情中或婚姻里，什么时候应该睁大眼睛看清楚，什么时候应该睁只眼闭只眼。

爱情与婚姻，是人们一直都在探究的问题，但是这门学问是如此的高深，以至于几千年的探究并不能帮助我们解决许多实际的问题。有人说，爱情和婚姻就要睁只眼闭只眼，这样才能长长久久。但是，孩子，你必须知道，有些时候可以睁只眼闭只眼，但是有些时候就一定要睁大眼睛看清楚，千万不能将就。

首先，孩子，你要明白，有些事需要你大度一点，可以睁只眼闭只眼。两个人在一起，刚开始都是独立的个体，所以思想上、行为上肯定会有些碰撞，你们在生活习惯、处事方法等诸多方面都相距甚远。那么，孩子，这个时候千万不要一碰到什么事情都拿来当回事，有些事情是可以睁只眼闭只眼的。两个人在一起就是一个相互迁就、相互磨合的过程，所以不要要求男友完全按照你想的一切去做，因为假如他事事都和你想的一样，那你们的生活也没有什么意思了，你说是不是？所以在遇到一些小问题时，完全可以不去计较。比方说，他怎么那么不爱干净啊，袜子好几天才洗一次，或者是他怎么把东西到处乱丢啊，或者他怎么就那么喜欢抽烟啊……对于这些小事情，就不要计较了，提醒他一下就行了。不要因为他的这些小毛病就给他判"死刑"。这样反而因小失大。

你还记得以前住在我们家对面的那个李阿姨吗？现在的这个叔叔是她的第二任丈夫了，她和第一任丈夫离婚已经六年了，离婚的原因就是李阿姨觉得他太不爱干净了。当时李阿姨年轻漂亮，爱干净，喜欢把家里布置得干干净净又温馨舒适。所以每天早上她都把家里收拾得干干净净的，可是每次下班回家却发现家里就像打过一场仗似的（李阿姨下班比较晚），乱七八糟，衣服扔得到处都是，厨房里，锅碗瓢盆丢的到处都是，择过的菜叶在地上丢着，切过菜的刀没洗就挂在那里了。她看到就生气，也没心情吃饭，就开始数落她丈夫。他刚开始总是不说话，等她发泄完了，也就平静了，和她一起收拾干净。可是习惯不是一时养成的，过不了几天，李阿姨下班看到家里还是一样的情况，她就又生气了，你那个叔叔也受不了天天这样了，于是两个人就吵了起来。就这样三天一吵，五天一吵的日子持续了一年，两个人就离婚了。一年以后，她遇到了现在的丈夫了，爱干净是爱干净，可就是很懒，回家啥事都不干就等着李阿姨伺候他，而且脾气还很大，一有不顺心的事就大吼大叫。李阿姨觉得很累，她常常跟妈妈说，她做错了，选错了。她现在想起上一段婚姻，就觉得很愧疚，她当时只顾生气了，却忘了家里衣服乱是因为丈夫帮她把衣服收进来；他之所以没有叠衣服，并不是因为他懒，而是为了能把时间节省出来洗脏衣服，好减轻她的负担；厨房之所以乱七八糟，是为了赶在她下班回到家能吃上一顿热乎乎的饭……所以，因为这些本可以睁只眼闭只眼的小事，李阿姨亲手葬送了自己幸福的婚姻。

其次，你要明白，有些事情是绝对不能迁就的。在谈恋爱的时候，尤其是女孩子，一定要睁大眼睛看清楚这个人身上有没有什么东西是绝对不能姑息的。比方说，当你们两个吵架的时候，两个人在吵到激动的时候，他会不会气急败坏地对你施以拳脚，如果这种情况发生了，孩子，这个男人一定要放弃。因为男人对你第一次举起拳头，就会第二次举起，这样下去家暴就不可避免了。

还有，假如你发现这个男人在和你恋爱的时候，还和别的女孩子暧昧不清，那么就果断地和他分手吧。花心的男孩子不会因为爱你就不花心的，同样地，一个花心的男人也不可能因为你的存在而再不去拈花惹草。永远不要怀着侥幸的心理说，也许他会对我一心一意，我就是他最后一个女朋友，这是自欺欺人的话。当然还有其他的，比如说好赌、酗酒等，这些坏习惯都是一生难以改掉的。所以遇到这些事情千万不要睁只眼闭只眼打算就这样算了，一定要勇敢地对他说：对不起，我不能把我的幸福寄托在你身上！

教子小贴士

1. 告诉孩子别因小失大

在爱情和婚姻中，小事一定不要把它放大，免得因小失大。女孩子因为比较感性，更容易在遇到事情的时候沉不住气，从而把事情往不可知的地方推去。妈妈一定要告诉孩子，遇到事情要冷静、客观地分析，不要因小失大，多想想对方的好。

2. 告诉孩子对一些原则性的东西一定要睁大眼睛不要妥协

女孩子因为容易被甜言蜜语迷惑，所以很多事情发生后，对方一服软、一恳求，女孩子往往会心软地给对方一个机会，这样一次次地直到把自己推向不幸。所以妈妈一定要告诉孩子，一些事情即使只发生一次也绝对不能姑息，立场一定要坚定。

63.

做好前期准备，将幸福照进现实

孩子，那天你回家，皱着眉头对我说："妈妈，隔壁阿姨又把饭烧煳了吧？楼下都闻到了，看来一个养尊处优、什么都不会做的女孩结婚了也不好过啊！"可不是嘛，隔壁阿姨是个独生子女，结婚前在家衣来伸手，饭来张口，结婚后，家务活一样做不来，结果小夫妻两个经常为此而争吵。妈妈不是"老古董"，但是妈妈真的认为女孩子要具备做一个好妻子的素质，那么她才会拥有幸福的生活。今天让妈妈跟你说说这件事。

现在的社会，越来越宣扬"男女平等"，女性似乎拥有了更多特权：可以追求自己的事业、可以不做家务、可以不带孩子……所有一切似乎都这么美好，但是对一个想要拥有幸福婚姻的女孩子来说，有些功课是必须要做的。

女孩子要想婚姻生活幸福，必须明白幸福的婚姻并不是靠上天恩赐的，一切的幸福都是要靠自己的努力才能得来的。就算上天真的给予了你一个帅气又多金的爱人，那么，你又靠什么留住他呢？女孩在步入婚姻殿堂之前，要做好很多功课，比如学会烧一桌美味的饭菜。不是有句话说"要想留住男人的心，先要留住男人的胃"吗？一个很会烧菜的妻子是这个男人永恒的回家的动力。女人还要学会打扮自己，虽然女人不能永葆青春，但是一个善于穿衣、善于装扮的女人永远不会成为"黄脸婆"的代言人。女人还要学会控制自己的脾气，做姑娘时大部分的女人都娇气得很，一句说不得，一句骂不得，可是进入丈夫的家里，必然要学会与婆婆相处，控制一下自己大小姐的脾气，这样才能一团和气。总而言之，女人要步入婚姻殿堂容易，要生活得幸福却并不是一件很容易的事。

孩子，你还记得外婆家隔壁的那个小唐阿姨吗？她是妈妈最佩服的女人之一，妈妈今天就给你讲讲她的故事。

小唐阿姨从小就是院子里出名的好孩子，学习成绩好不说，还乐于助人，院子里有个大大小小的事情都会想到她。另外，小唐阿姨读书的时候是学校里的校花，是全校男生心中的女神，追求她的人更是数不胜数，每天小唐打开她的抽屉都会发现几封不知道什么时候跑进去的情书。对这些，小唐总是淡淡地一笑，她觉得现在还不是谈恋爱的时机，她想努力学习考个更好的大学。

后来，小唐顺利地考入北京一所著名的大学，进入大学后，家人放松了对她的约束，觉得女儿这么大了，可以谈恋爱了，可是小唐依然芳心不动。上课之余的时间，别人都是花前月下，她竟然去听理财讲座，我们都非常不解，以她的条件，找一个男朋友何其简单，但她解释说，北京离家太远，谈了估计也会分手，不如跟以后的丈夫谈个初恋。另外，小唐周末还去学校附近的餐馆里打工赚钱。这个消息真的让我们大吃了一惊，要知道，小唐的爸爸妈妈收入都不菲啊。后来大学四年里，小唐不是去听讲座，就是去健身房锻炼身体，抽空还会去学习一下化妆、舞蹈之类的东西……就这样，时间飞逝，大学毕业了，也是情侣离别时，很多人都泪眼汪汪地分手了，小唐阿姨没有这种烦恼，笑呵呵地在家附近的一个单位开始上班。就是在这个单位里，小唐阿姨认识了她现在的丈夫，两个人一见钟情。

婚后的小唐阿姨夫妻两人关系非常地好，小唐阿姨样样是把好手，大到理财，小到洗碗，把家里整理得井井有条，这些都是她大学里积攒下来的本领啊！另外，她依然喜欢给人帮忙，邻里关系也很好，婆婆对她也很满意。邻居们都说小唐是整个大院里最聪明的姑娘，永远知道怎样才能让自己幸福，也永远不会错过幸福，她爱惜自己，也得到了别人的爱惜，在合适的时间遇见自己合适的人，并且生活得很幸福。

孩子，你明白了吗？只有有准备的女孩子，才能在幸福路过的时候留住它。婚姻绝不是两个相爱的人结合在一起就会幸福，婚姻考验着人们的耐心、能力，还有执着。婚姻更不是过家家，婚姻是现实的，没有任何准备就迈入婚姻殿堂的女孩子不仅会觉得失望，还会觉得无力驾驭，因为现实中的婚姻并没有她们想象得那么美好、简单。所以，孩子，想要得到幸福的青睐，必须先要了解幸福最需要的是什么，掌握了幸福的需要，才能永远地留住幸福。

教子小贴士

1. 让孩子明白女性和男性是不同的

无论到什么时候，女性在家庭生活中都扮演着妻子、母亲的角色，这就注定了女性必须有一定的家庭生活的技能，这样才能更好地照顾家人。妈妈要告诉孩子：男女平等是对的，但是因为有不同的社会角色，所以，女孩子必须要做一些准备，家庭生活才会更如意。

2. 让孩子懂得生活是现实的，需要全面准备

生活不是过家家，现实总是没那么简单。为了避免孩子以后生活得辛苦，妈妈要告诉孩子：如果掌握的东西太少，那么就会找不到幸福。只有在日常生活中重视自身素质提高的人，才会拥有更高品质的生活。

3. 让孩子养成好的习惯

现在的孩子都十分懒惰，有的连碗都不会洗，妈妈要注重孩子在日常生活中好习惯的培养，有助于孩子自身素质的提高，以便日后更好地生活。